送给所有爱自己的女人

女人的格局决定结局

〔美〕 戴尔·卡耐基◎著

李瑛◎译

时代文艺出版社

图书在版编目（CIP）数据

女人的格局决定结局 / (美) 戴尔·卡耐基著；李
瑛译. -- 长春 : 时代文艺出版社, 2020.4（2021.4重印）
ISBN 978-7-5387-6347-8

Ⅰ．①女… Ⅱ．①戴… ②李… Ⅲ．①女性 - 成功心
理 - 通俗读物 Ⅳ．①B848.4-49

中国版本图书馆CIP数据核字（2020）第035815号

出 品 人	陈 琛
产品总监	邓淑杰
项目策划	紫图图书 ZITO®
监 制	黄 利 万 夏
责任编辑	王 峰
助理编辑	王金弋
特约编辑	曹莉丽 孙 建
营销支持	曹莉丽
装帧设计	紫图装帧

女人的格局决定结局

[美] 戴尔·卡耐基 / 著　李瑛 / 译

出版发行 / 时代文艺出版社
地址 / 长春市福祉大路5788号　龙腾国际大厦A座15层　邮编 / 130118
总编办 / 0431-81629751　发行部 / 0431-81629755
官方微博 / weibo.com/tlapress　天猫旗舰店 / sdwycbsgf.tmall.com
印刷 / 嘉业印刷（天津）有限公司
开本 / 880毫米×1230毫米　1 / 32　字数 / 120千字　印张 / 7
版次 / 2020年4月第1版　印次 / 2021年4月第2次印刷　定价 / 49.90元

态度决定高度，命运缘于格局

我们的现实生活往往是这样的：会赚钱的女人不懂生活，美丽的女人没有智慧，事业成功的女人不够幸福，事业不成功的女人更不幸福。很多女人操劳、辛苦了大半辈子，到了中年发现自己无论是形象还是自身价值都早已崩塌无形；很多年轻女孩谈了无数次恋爱却依旧找不到自己的真命天子。很多没有目标的女人，生活刚刚开始就似乎看到了结局。

人生好比一盘棋，棋的格局决定了对弈的结局。有的女人在下自己人生那盘棋的时候，随性且随意，她们不懂得布局，不懂得积累，随着时间流逝被动地生活着，很难有开阔的格局，自然得不到满意的结局。没有格局，棋如散沙，即使侥幸有一两步棋下得不错，也很难得到圆满的结局。更严重的是，哪怕有时候只走错了一步棋，人生也有可能全盘皆输。

我们知道态度决定高度，命运缘于格局。要规划人生的格局，美国著名人际关系学大师戴尔·卡耐基提出了女人人生的五个根本，将这几个根本要素掌握好，才能奠定女人幸福一生的基础。

第一根本是容貌。卡耐基认为，女人一定要有终生美丽的决心。我们无法改变先天的长相，却可以通过各种方式让自己有一个优雅美丽的外在，让容颜随着岁月的流逝越来越有味道。容颜会老，优雅却不会老。因而，女人的修养除了拥有健康、幸福、有益身心的生活方式外，更重要的是对内在的修炼和养成。拥有一颗安定从容、积极乐观、海纳百川的心，世上所有的优秀、美好、正能量便能为你所用，任何时候都可以骄傲地说，哪怕时光倒流，我还是更喜欢现在的自己。

第二根本是品格。一个优雅、极具魅力的女人首先是一个善良有爱的人，顾及他人感受，对众生有悲悯之心，然后才是容颜的美丽。女人要珍惜上天赐予自己独特的温柔、敏感、超乎寻常的韧性、对爱的执着等品质。理性与科学无法解决的问题，直觉和爱却可以穿透。我们还要更关注公共事业、弱势群体、社会竞争等事务，以更具开拓进取的主人翁意识参与到整个社会的发展进程当中，这样才不会成为只是站在男人身后亦步亦趋、受人支配的小女人。

第三根本是财富。更多的财富意味着更多的自由和更强的施之于人的能力，它能化解这个世界的灾难与贫穷，能为自己挣来尊严和价值，能让我们和男性一样站在对等的位置上找寻自己所爱，而不必为了安逸舒适的生活依附于一个男人，甚至扭曲自己的灵魂，亵渎真正的爱情。因而女人要有智慧，要善于运用智慧，经过百般努力，为自己的人生聚集财富，这是我们获得长远发展、走向人生巅峰的基石。

第四根本是见识。一个到过很多地方，见过很多世面，经历过大风大浪的女人，不会因为失去一份工作、失去一个爱人、丢掉一些东西、被一些人否定，就觉得人生如临末日一般，而是早已将得失看透，宠辱不惊，不卑不亢。她们在实现自我的路上，早一点儿也好，晚一点儿也好，因为对自己充满了信心，反而更加注重过程的充实与美好，因而总能把一件事情办得风生水起、尽善尽美，就不会有不成功的道理。

第五根本是情感。女人是天生的情感动物，她们丰富敏锐的触角需要在与他人的激越互动中收获赏识、被爱、呵护与慰藉。好女人是众星捧月的明星，在朋友圈里、男人堆中、爱人面前，甚至是泛泛之交的人眼中，都是聪明伶俐的天生尤物，她们用自己的风趣、温柔、机智和包容让人如沐春风。经济和思想都独立的现代女性在爱情中更容易占据主导地位，她们根据自己的品位、喜好去选择男人，也更容易获得幸福美满的婚姻。

因而，卡耐基提出的女人人生的五个根本是互相影响、互相依存、彼此促进的。有见识的女人不会狭隘，会有好的品格。拥有财富、经济独立的女人会有独立的思想，会主动选择自己的幸福，而幸福会让女人容颜更美丽。所有这五个"根本"的前提是女人要对自己有要求，不放弃自我。

愿所有对自己有完美追求，渴望拥有高品质人生的女人通过卡耐基提出的这五个根本去规划自己人生的格局，从容地面对生命中的各种意外、挫折和伤害，矢志不移地奔向实现自我的旅程。女人要成功，也要幸福。

2020 年 4 月

目录
CONTENTS

第 1 根本：容颜
一个女人应该是优雅而惊艳的

第2根本：品格
心地善良，才会长相年轻

第**3**根本：财富
谁拥有财富，谁就有安全感和自由

第 **4** 根本：见识
迷人的女人高出常人的恰恰是她的见识

第 **5** 根本：情感
活着就要感知爱与被爱

第 1 根本：容颜
一个女人应该是优雅而惊艳的

在变美的路上我们会很辛苦，但是亲爱的，一旦想到这是为了我们自己，一切就都值了。

1 男人都是以貌取人的生物

男人都是以貌取人的生物！不少女性对此愤愤不平。

有学员曾经问过我："女人的容貌和内在气质哪个更为重要？"我笑着问对方："是不是想听真心话？"见这位学员虔诚地点了点头，我便告诉她：在现今的社会里，甚至是往后很长的时间里，女人的容貌都是非常重要的。可以说，容貌跟内在一样重要。只有容貌，没有内在，很难吸引人，可是光有内在，就像一本有着丰富内涵，封面却毫不起眼的书，是很难引起人们的阅读欲望的。这位女学员听完我的分析后就开始积极地修饰起自己的容貌。半年后，我再次见到她，她在容貌上并没有太大的改变，但是皮肤变得白皙，体重也减轻了，化了点淡妆，看起来更加靓丽。她感谢我对她的提点，并透露自己目前有交往的对象，非常幸福。告别前，我告诫这位女学员，越幸福，越要保持美丽。

几年后，我再次见到这位女学员时，她正在和要好的女性朋友享用咖啡。我上前跟她打招呼，当她为我介绍她的女性朋友时，我很惊讶。因为她三十五岁的女性朋友看起来跟二十几岁一样，而我这位学员才三十出头却显得比实际年龄要老得多，体态也变得臃肿。见我在打量她，她不好意思地解释道："生完孩子的女人都是这样。再说，我丈夫非常爱我，经常说不介意我变成什么样子。"

那么真是如她所说，她的丈夫完全不介意她的外貌，从此过着幸福的生活吗？实际上，她的丈夫确实不太在意她老去的模样，但是随着她的丈夫事业不断攀上高峰，她内心的不安全感越来越严重，越来越纠结自己的丈夫是否有外遇，整日跟丈夫吵架，婚姻质量一落千丈。反观她那位美丽的女性朋友却过得顺风顺水。她从三十岁开始就为自己制定了几条戒律，誓死要保养好自己的容颜。她更把"保养容颜是女人一辈子的事业"贴在镜子边上，每天提醒自己要执行制定的规则：

第一，坚持食用天然健康的食品，如牛奶、麦片、水果，拒绝吃罐头食品、合成食品等不健康食品；

第二，拒绝熬夜，作息要规律，每周至少运动四天；

第三，每周都要坚持做面部护理，绝对不允许自己邋遢地出现在别人面前；

第四，每个季度为自己购买一套高级护肤品和时装，并努力用自己赚的钱来买。

通过这四条戒律，这位女性保养得非常好。用她的话说，女人要活得漂亮，也要长得漂亮。因为足够的自信是建立在足够的漂亮之上的。我决不允许某天我的丈夫挽着漂亮情人出现的时候，我是一个糟糕的、有着肥肚腩的女人；我决不允许某一天我失去婚姻的时候，我对别的男人再也没有任何吸引力。这样对我来说，人生就真的完蛋了。

为自己的容颜负责，是真正爱自己的表现。任何时候都不失美丽优雅的外表，才能有足够的自信活得闪耀精彩。取悦自己才会不断升值。在变美的道路上我们会很辛苦，但是亲爱的，一旦想到这是为了我们自己，一切就都值了。

2 爱上一个人只需要几秒钟的时间

第一印象的好坏直接关系到日后相处，所以在第一次见面时就要尽量做到完美。从平日里的一点一滴做起，养成良好的习惯，当你自己有所改变的时候，你会发现周围人对你的态度以及看法都会与之前不同。在改善人际关系的同时，不期而遇的邂逅可能也会来到你的身边。

那么，让我们具体说说影响第一印象的重要条件吧。

1. 外表干净、清爽

沉稳、整洁的穿衣风格，会给人鲜明、清爽的整体印象。平时生活中要注意保持干净整洁，注重细节。

2. 干净、温暖的笑容

女人要格外注意牙齿的洁净、口气的清新和唇部的红润饱满。做好这些，你的笑容才能更加迷人。

3. 了解和驾驭时尚

一定要选择适合自己的，不要勉强穿些不适合自己的流行服装。平时多看些时尚搭配方面的书，多下功夫，找到最适合自己的风格。

4. 气味

不仅是干净的外表，得体的穿着，身上的气味也要特别注意。清香的味道可以赢得对方的好感。

5. 体型

优美的体型充满了青春的活力，需要平日里进行适度运动和节食，尽最大努力保持身体的年轻、健美和清丽。

6. 问候

注重礼节，讲礼貌，跟人说话尽量用敬语，经常说"谢谢""对不起"等，更容易给别人留下好的印象。需要通过平日的努力，最好使之成为一种习惯。

7. 站在旁人的角度看自己

细心留意别人对你的态度，就能看出他心里对你的评价。对着镜子认真检查自己的发型、笑容、服装等等。有机会的话多问问他人对你的评价，从中吸取教训，逐步提升、增强自己的人格魅力。

完善和提升自我不是一蹴而就的，习惯的养成需要时间，所以不要急躁，慢慢来，平日里点滴的积累就会成就更加完美的你。另外，要想别人喜欢你，你就要先喜欢自己。当周围的人也开始意识到你的改变的时候，你就会更加有自信，不断地把自己塑造成一个极具吸引力的人。

3 用智慧吸引到华尔街单身贵族

每个女人都应该努力让自己成为充满智慧又自信的女人。

有一次，我跟华尔街的两位金融巨子在街边的露天咖啡馆里交谈。此时，我的两名女学员凯莉和莲娜碰巧路过，并跟我们打招呼。我礼貌性地起身，邀请她们加入我们的交谈。在我的引荐下，这两名女学员得知对方是华尔街的黄金单身贵族后，眼睛都不同程度地发亮。

在接下来的交谈里，凯莉显得较为主动，莲娜则比较内敛，偶尔提出自己的看法，更多的是认真倾听对方在说什么。令我意外的是，我知道凯莉是读设计出身的，可她说起金融名词却头头是道。在整个交流过程中，她几乎都占据着主导地位，甚至把自己满意的几次旅行都给说了出来。结束了约两个小时的交流之后，凯莉和莲娜都跟对方交换了名片。

就在两位金融巨子拿到莲娜的名片后，都显露出了吃惊的表情，原来莲娜是某工商管理学院的助教。这时，凯莉也惊讶地说："莲娜，按理说，你在工商管理学院当助教，金融的东西应该比我懂得多才是啊！难道你只是在那里混日子吗？"说完，凯莉开玩笑似的掩嘴而笑，眼底里却流露出狡黠的光芒。

如果有人问我凯莉聪不聪明，我会告诉对方，凯莉绝对是一位聪明、懂得展示自己的女性。尤其当她说出很多金融名词、旅游见闻和一些趣事的时候，我就知道凯莉是一位非常努力的人。可是，我却不能说凯莉具备足够的智慧。在交流过程中，莲娜说的话虽然不多，但是句句切中话题。她的回应简洁有力，让人知道她懂得对方在说什么。同时，莲娜的话点到即止，给人留下谦逊的印象。反之，凯莉却容易给人留下张牙舞爪的感觉。尤其当她炫耀自己的旅游见闻时，夸张的肢体动作和大惊小怪的语言容易让人感到不舒服。

会谈结束后不久，这两名男士分别向我了解莲娜的交友状况，得知莲娜是单身后，都对莲娜发起了追求，而凯莉却被冷落。

因此，真正的智慧是懂得收敛自己的光芒，避免刺伤别人和树敌；不是告诉别人你有多聪明，而是要在不经意中绽放智慧和信心。它能掌控自己，也能够掌控生活，所以不紧不慢，低调优雅。

4 容颜易老，优雅却不会

生活中，我们经常看到出生于富裕家庭的人，举手投足间散发出贵族的气场；出生于书香世家的人，身上往往带着儒雅的气质；出生于从事科研工作家庭的人，则透露着严谨、认真的学术气息。

人天生的气质与个人的成长环境有着密切的关系。这点是很多人都不能否认的事实。对此，人们常常羡慕那些出身优越的人。可事实上，一个女人的气质完全可以通过后天的努力获得。或者说，一个女人的气质完全取决于她个人的多种选择。

第一个选择是阅读。一个人的气质是由内而外散发出来的，是一个人内在涵养的表现。美丽的外表和姣好的形态并不能传递出优雅的气质，只有丰富的知识和开阔的眼界才能使人散发出优雅的气质。所以，女人优雅的气质往往取决于她的阅读量。一个努力从书本里获取知识来丰富自己的女人，假以时日，势必会成为一位优雅的女士。

第二个选择是现在的生活。诚然，我们每个人无法选择自己的出身，但是我们可以选择现在的生活。现在的生活主要包括我们的职业、交往的朋友和生活的方式。人的气质与其职业息息相关。从事艺术类的职业，往往会给人增添文艺气质；选择行政类工作，则会为人增加干练、亲和的气质。如果你的职业并不能为你带来与行业相关的气质、个性，那么说明你的气质"频道"与你所处的行业不同。你潜意识里并不热爱你从事的行业，所以你隐藏的气质无法被激发出来，由此可见选择喜欢职业的重要性。

除了选择职业，我们还可以选择身边的朋友。如果你身边的朋友举止优雅，对生活有追求，有品位，喜欢讨论金融和品红酒，那么久而久之，你也会成为这种类型的人。相反，如果你身边的朋友斤斤计较，喜欢在背后中伤别人，举止粗俗随意，那么在耳濡目染中，你也会受到影响。跟什么样的朋友在一起也决定了你的气质。如果你希望拥有优雅的气质，那么就要远离恶俗的朋友。

当然，我们还可以选择一种生活方式，或选择让你沉淀下来的兴趣爱好。你可以背着背包，带着相机去旅行，让大自然的宽广、美丽赋予你灵性；你也可以用心去品味一顿美味、一杯红酒，在享受美食的同时感受一种慢节奏的生活和从容的幸福。

要知道，优雅是一种感觉，这感觉更多地来源于丰富的内心、智慧、博爱，还有理性与感性的完美结合。一个优雅的女人，首先必须是善良而大度的，她要有温柔沉静、善解人意的个性，要有对时尚的独特审美，懂得穿衣打扮，懂得心灵与外在的协调。

优雅的女人也应该是一个懂得爱自己的女人。她一定会记得：

吃早餐比化妆更重要；

气质与年龄无关，比样貌重要；

对待很多事情，学会一笑而过；

即使愤怒也要保持风度；

不熬夜；

常运动：走路、爬山、游泳；

要有知心朋友；

有本好的枕边书；

每年去旅行；

不轻易放弃梦想。

有句俗语说得好："一夜之间可以出一个暴发户，可是三代也培养不出一个绅士。"绅士不是一夜就能养成的。同样，女人的优雅也不是一朝一夕就能养成的，它需要文化和教养长期的累积沉淀。但是一旦养成，优雅必将成为一种自然而然的气质，在你举手投足间散发出来，这样的女人会更成熟、温柔、美丽，令人心动神移。

5 青春就是不妥协

　　年过五旬的格蕾丝女士从事幼教工作，可是她的容颜却保持在三十五岁上下。至今，她的丈夫仍然很担心会有男士追求她。我向格蕾丝女士请教她的保养秘诀，她告诉我，她一直坚持着健康的生活习惯。她的作息时间十年如一日，早睡早起，坚持晨练和睡前冥想。她坚持自己烹饪，吃健康的食材，如新鲜果蔬，从来不食用含有大量添加剂的零食和饮料。她认为身体里含有的人工添加剂越少，越能保持健康和活力。

　　对于容貌的保持，格蕾丝女士也是坚持用最天然的方式做保养，包括使用蜂蜜、果汁和牛奶等天然食材进行美容。格蕾丝女士认为人会衰老的原因是因为自己给身体添加了很多负担，包括含有添加剂的食品，高脂肪油腻的食物，含糖量高的碳酸饮料，含有防腐剂、化学制剂的化妆品等。

在格蕾丝女士看来，她的逆生长缘于健康的生活习惯。

比格蕾丝女士稍微年轻两岁的女博士艾维拉则认为："不改变、不妥协是保持青春的秘诀。"艾维拉女士出身贫穷，甚至一度被迫停学。后来，艾维拉女士边打工，边上学，才完成了学业。毕业后，她不断地工作，不断地存钱进修，最终使自己成为一名建筑学博士。直到现在，艾维拉女士身上都保持着那股冲劲儿，不轻易向困难妥协，说走就走，说干就干。跟艾维拉女士相处，让人很容易觉得自己回到了青春时代，浑身上下有使不完的干劲儿。我问艾维拉女士是如何做到的，结果她的答案很简单，想要保持年轻，就得从年轻的时候一直保持自我风格，不做任何改变，不要屈从现实而变得圆滑。

我的学员卡顿女士也是一位保养得宜，浑身上下散发着青春气息的女士。

她真诚地告诉所有女士：永远都要有积极生活的勇气。不要畏惧他人的眼光，只要你认可自己，你就可以变得更加年轻；只要你乐意，你完全可以像年轻人恋爱那样挽着伴侣的手，去做些年轻时约会做的事情；无论多少岁，你还是可以尝试一些对你而言具有挑战的事情。永远都要相信，生命的美妙之处，就在于你的勇气会成就更美的你。

6 爱动的女人不会老

在北欧有位上班族妈妈。她非常注重自己的身材，一直保持运动。可是第二个宝宝出生后，她正常的生活秩序就完全被打乱了。她每天早上起床后，就要趁两个孩子还没醒来赶紧洗漱，然后照顾两个孩子，准备丈夫的早餐。等到保姆来的时候，她要匆忙地赶去上班。中午休息的时候，她必须赶回来看两个孩子。和孩子相处二十分钟后，她又必须搭乘三十分钟的巴士赶回公司，然后开始紧张忙碌的工作。等到夜晚回到家里，她又必须赶在保姆下班之前，准备好全家人的晚餐。晚餐后，和丈夫分工干家务活和照顾两个孩子。等到孩子睡去，她已经累到完全没有力气去运动了。

这样繁忙的生活是很多职业女性的写照。紧凑压抑的生活让她觉得疲惫不堪，加之身材的走样让她觉得非常痛苦。她跟昔日的健身教练通话，并抱怨了自己的处境。她的教练却告诉她："只要愿意，总能挤出时间运动。车上、路上、床上都是运动的场所。生命本来就是一场无处不在的运动。"

听了教练的回答后，这位妈妈有所触动。于是，她开始在餐后洗碗的时候，扭动臀部，运动下肢。慢慢地，她觉得洗碗时扭动身体的动作越来越像华尔兹，而且这种运动方法让她变得更加愉快。于是，她开始边跳舞，边洗碗。丈夫看着她扭动着曼妙的身体洗碗，翩翩起舞地擦拭抽油烟机，拖着地板，觉得非常有趣，就把这场景录了下来。后来，她的丈夫把视频跟朋友分享，然后朋友又分享了出去。最终，这位北欧的上班族妈妈火了起来。大家都纷纷请她教"家务舞蹈"，于是，她竟然辞掉原来的工作，开了个"快乐做家务"的舞蹈培训班，在帮助别人之余，还实现了自己运动的愿望。

这是一个非常有趣的故事。这则故事告诉我们，只要你愿意，总能找到时间、找到方法进行运动。而坚持运动，能够让女人焕发青春的活力。

7 惹人怜爱的往往是羞涩的女人

美丽的女人只能让男人心动，羞涩的女人才能让男人动心。世界上最美的景色莫过于女人脸上的娇羞。羞涩是爱情的颜色，是传递情感的一种特殊语言。

我的朋友布朗太太准备为她的丈夫送上一份特别的生日礼物。丈夫告诉她，自己很渴望看到她年轻时娇羞的笑容。他永远记得他们相识的时候，她的书掉到地上，他绅士般地捡起书归还她。两人四目相对时，布朗太太娇羞一笑，从此让布朗先生魂牵梦绕。

听了丈夫的愿望，布朗太太非常为难。她对着镜子微笑了好几次，仍然没能找到当初的羞涩。为此，布朗太太找到我。她甚至告诉我，她非常疑惑丈夫为什么会怀念她年轻时羞涩的笑容。

我给布朗太太分析，维持爱情的秘诀在于保持初心。如果你保持初心，就不会因为对方的身份改变为男朋友、未婚夫或丈夫而改变对他的态度，自然在面对他的时候，你便会因为担心自己做得不够好而面露羞涩。

因而夫妻或情人之间适度保持神秘很有必要。不管你是否已婚，都不要将自己的一切直接呈现给对方。

另外要保持两个人的距离，不要整天腻在一起，给彼此足够的空间才能制造新鲜感。

切记，永远不要在熟络的情人、爱人面前换衣服，或者做一些尴尬的小动作。

布朗太太听了我的建议后，与丈夫分开一周。在这一周里，她特意去学习了西班牙的斗牛舞。到了布朗先生生日那天，布朗太太穿上色彩艳丽的西班牙红裙，热辣地表演着斗牛舞。当布朗先生鼓掌的时候，布朗太太自然地露出羞涩的笑容。布朗先生激动地抱住她说，这就是最棒的生日礼物。此时，布朗太太已经四十八岁了。

我一直认为：羞涩感是上帝赐给女人美丽的天分，是女人与生俱来的，与年龄无关。保持一颗少女的初心，你就会在不经意间绽放羞涩的笑容，那是最能让男人心动的风景。

8 一瓶香水也许能创造奇迹的人生

在上流社会里，没有名媛或太太们不爱香水。对于她们来说，香水好比一件看不见的华美礼服。她们把香水"穿戴"在身上，犹如美丽的蝴蝶一般穿梭在舞会里。

喜欢香水的人一年四季都有芬芳，拥有芬芳的人一年四季都有阳光，拥有芬芳和阳光的人会有快乐的力量和独特的气场。

懂得恰到好处地用香水的女人，高雅、知性，气质独具神秘美感。香水的味道是爱的味道，特定的香味会勾起人的回忆。一次美好的相遇，一个难忘的瞬间，可能都会以味道的形式镌刻在记忆中。因而用香水的女人都是有故事的人。每一瓶香水

每个人都必须遵从内心的选择，▶
成为独一无二的自己。否则，即便成
功，也不会快乐。

的背后也都有着一个动人的故事。

女人利用香水来表达自己的情绪和个性，一瓶香水的意义要由自己来赋予，一瓶香水能创造怎样的人生故事都是自己谱写的。香水让女人更具传奇色彩。

葡萄牙王室有位王子，曾经疯狂地追求一位平民女子，并排除所有的困难将这位女子娶进王室。据说，这位王子之所以被这位女子吸引，是因为她身上散发出一种天然的体香。后来，人们才发现，这名女子善用天然的白兰花来制作香水，并涂抹在身上。由于长期使用，这种花的汁液似乎渗透到她的体内，使她浑身上下散发出一种天然的体香。我相信，"这个女人身上天生有着一股香味"绝对是对女人最高的赞美。

当然，不是每个人都能自己制造香水，但是起码可以学一些香水的礼仪：

寻找一款适合自己的香水。它首先能够愉悦自己，并且让你感到自信。另外，也要根据不同的场合选择不同的香水，比如隆重的晚宴，为了成为众人瞩目的焦点可以选择相对华丽浓艳的香水，再配上漂亮的晚礼服和珠宝配饰，整个人都会神采奕奕，保持最佳状态；与情人约会，根据感情进展的程度不同可以有不同的选择，比如初次见面可以选择清新淡雅、低调感性的香水，等到两个人已经碰撞出了一些火花，可以选择相对浓郁、魅惑的香水；如果是去夜店、参加社交聚会，果香、花香或醇厚的木香都可以做备选，总之一定要凸显自我；出门旅行可以选择贴近大自然的香气，如果香、木香、花香或海洋系香氛，这样可以达到与自然融为一体，放松全身心。

另外就是涂香水的位置非常重要。如果是淡香水，可以先喷在空气中，然后人在那种香氛中待一会儿，身上有若有若无的香味就好。如果是浓郁的香水，建议取一点点涂在手臂外侧，锁骨的位置或者胸口，一定不能涂在汗腺非常发达的腋窝，这样容易与汗水混合导致香味变质。当然，香奈儿小姐也说过一句动人的话，"女人应该把香水涂在她想被亲吻的地方！"你也可以自由发挥哦。

最后，大家要知道涂香水的一些禁忌。探望病人或参加葬礼不能涂香水，这时必须保持身体气味的洁净，否则会有失庄重；工作时间或者面试时只可涂淡香型的香水，否则会引起周围人的反感，给自己的形象减分。参加别人的婚礼，最好不要涂抹浓香型的香水，不可在气势上压过新娘，否则就会有喧宾夺主之嫌。

9 幸福的女人在经营自己，不幸的女人在经营别人

艾玛不停地跟身边人抱怨，她有个叛逆的儿子，有个不上进的老公。她每天回到家里必做的事情就是冲儿子大喊大叫。丈夫整天沉迷游戏，不思进取，领着捉襟见肘的薪水，并不关心孩子的教育问题，看见她对孩子歇斯底里的样子就翻白眼。

艾玛非常痛苦，甚至觉得自己会自杀，不得不去咨询心理医生。结果，心理医生轻描淡写地说："过好你自己，一切都会变得美好起来。"

于是，艾玛把心一横，将父子俩的事先放一边，她打算开始做自己一直想做却没能尝试的事——摆个点心摊。

艾玛最喜欢做小点心，她最拿得出手的就是华夫饼。仅用几周，艾玛就把华夫饼小摊档搞了起来。出乎意料的是，生意

竟然好得不得了。由于忙不过来，艾玛试着让丈夫帮忙。没想到丈夫很乐意，好像受到她创业热情的鼓舞，整个人都变得不一样了，这让她感到欣慰。

半年时间过去了，艾玛用点心摊赚来的钱带着丈夫和儿子出国旅游，此次旅游非常愉快。结束旅程的时候，艾玛告诉儿子外面的世界很大，要找到自己的兴趣，并始终如一地坚持，长大后到人多的地方去谋求发展。儿子欣然接受了，在以后的生活中也比之前积极主动了许多。丈夫在此次旅行之后，一改之前沉迷游戏的状态，也受到艾玛的鼓舞开始准备自主创业。

爱一个人最好的方式，是经营好自己，给丈夫一个优质的爱人，给儿子一个优质的母亲。

女人必须知道自己要什么，才不会在婚姻和家庭生活中迷失自我。因而，经营好自己是每个女人首先要做的，并且是值得一生去做的事。

另外，爱人要有度。再好的男人也不值得你付出一切，不忘记自己，留一点自我，才会有自尊，你的付出才会有人重视。

10 拯救你的并不是王子，而是你自己

黛丝拥有令人称羡的职业、优越的生活和帅气的医生丈夫。结婚五年，生活安稳舒适，然而她却感到迷惘，不知道自己真正想要的是什么，身处在熟悉生活所编织成的安全网中也让她感到疲惫不堪。用她的话来说，从十五岁到现在，她就一直在恋爱、分手、再恋爱、再分手，似乎从来没有真正为自己活过。

毅然决然离婚的她，在人生的十字路口上，选择走出属于自己的舒适安全的世界，不顾一切地改变已有的生活，踏上一段漫长的旅程去寻找、发现自我。在旅行中，她发现了真正的喜悦，例如，单纯放纵地在意大利享受美食，或在印度体会祈祷的力量，最意外的是，在巴厘岛遇见了让自己内心平静平和的真爱。

大多数女人在很小的时候曾以为自己长大后会是儿女成群

的妈妈。但在结婚后她们才发现自己既不想要小孩，也不想要丈夫。到底女人的人生价值在哪里？黛丝在意大利、印度、印尼三个不同国度寻找自己——到意大利品尝美食，尽享感官的满足，在世界上最好的比萨与美酒的陪伴下，灵魂就此再生；在印度，与瑜伽士的接触，洗涤了她混乱的身心；在巴厘岛上，她寻得了身心的平衡。在这一整年追寻快乐与虔诚之间的平衡中，她终于发现："拯救我的人，并不是王子，而是我自己在操控我、拯救我。"

人的一生是不断学习、更新和超越的过程。这不仅仅意味着对知识的学习，更多的是生活经验、生命体验的积累和思想认知的完善、更新等。黛丝在探寻自我的路上付出了一些代价，但是也找到了自己。我们现在拥有的经验来源于对以前所犯错误的总结。女人在通往自我发现、自我完善的道路上，只有不断地学习、不断地进步，才能超越昨天的自我，成就真实圆满、身心平衡的自我。

11 你说话让人舒服的程度
决定了你成功的高度

谈吐是女人的另一张脸。有些女人脸蛋长得漂亮，但你刚跟她说了几句话，就不想再说了；而另一些女人，外表可能不那么俊美，但你跟她聊着聊着就觉得她很有内涵、很有品位，就连普通的脸蛋也会生出几分秀气，多出几分美丽来。谈吐优雅，就像是女人精致的妆容，为她平添魅力。

这样的女人，是用什么打动你的呢？是用她的语言，包括声音、语调、语气以及她说话的内容和技巧。

当你跟一个素未谋面的人通电话时，从声音、语气就能判断出她的大致情况来：年龄、性格甚至外貌。这种判断往往是很准的。

做个谈吐好的女人，首先应注意你的声音、语调、语气。

你的声音不见得很甜美，但只要柔和就会让人觉得你脾气好；你的语调不见得抑扬顿挫，但只要充满热情就会让人愿意与你交谈；你的语气不见得多么委婉动听，但只要以诚相待就会让人喜欢与你相处。

其次，你的语言得体，语速适中，吐字清晰，也能让别人在与你交谈时感觉很愉快。

我曾去参加一个晚宴，邀请我的主人忙于应酬，没有时间陪我。我一个人坐着，觉得非常无聊，无意中听到身边两位夫人的谈话。从谈话中，我得知一位夫人曾经跟着当大使的丈夫在南美的巴西待过四年。后来，另一位夫人走了，只剩下这位夫人，我就跟她讲了自己的想法："美国北部的冬天太冷了，南美此时应该很暖和，我想计划去那里旅行一趟。"

"啊，我在南美待过四年。"

"你能给我介绍一下哪些地方值得去吗？"

那位女士滔滔不绝地讲起南美的风土人情来。我不时地表示赞同和惊叹，于是那位夫人讲得更起劲儿了。到晚宴结束的时候，夫人还没讲完，她跟我握手告别的时候说："下次我再接着讲给你听。你真是一个健谈的人，和你谈话很有趣。"我心里不禁笑了起来，暗自道："从头到尾，我并没有说几句话呀！"

从我个人的经历中可见，一个真正健谈的人绝不只是自己滔滔不绝，而是知道怎样引起对方的兴趣。

交谈的内容不但要使对方感到熟悉、有趣，更要注意格调高雅、欢快轻松。千万不要涉及对方的弱点及个人隐私，不要涉及庸俗下流、怪诞的内容或小道消息。发问也要有技巧，以激发对方的兴致，谈得更多。对你而言，你说话的技巧和内容越让人感到舒服，沟通成功、达成意愿的可能性就越大。可以这样说，跟人说话让人舒服的程度，直接决定了你成功的高度。

12 积极主动的女人才有强大的气场

受传统文化教育的影响，很多女性在生活中往往表现得比较被动。面对机遇和爱情，她们不敢主动出击，害怕被人冠上"富有心机""争强好胜"的标签。可实际上，只有积极把握机遇的女人才能有好前途，收获美好的感情，才能具备优于他人的强大气场，真正做自己命运的主人。

在职场上，机会永远不会从天下掉下来。面对虎视眈眈、蓄势待发的竞争对手，如果自己不积极主动，是很难得到展示才华的机会的。

在 VS 服装设计工作室上班的蒂尼娜深谙这个道理。由于没有大品牌操作经验，蒂尼娜一直从事三线品牌的服装设计。直到有一天，公司接到一个国际大品牌的设计合作机会，并把机会交给了公司里的两位首席设计师。遗憾的是，合作洽谈会那天，合作方并没有采纳这两位设计师的方案。

就在客户打算离开的时候，蒂尼娜礼貌地征询对方的意见后，拿出了自己的设计方案。客户看了蒂尼娜的设计方案后，非常满意，立即决定签约，而蒂尼娜也凭借此次合作跻身于一线品牌设计师的行列。

蒂尼娜的成功取决于她的积极主动。可就在蒂尼娜成功的时候，关于她的负面评价也把她推到了风口浪尖。公司里的同事都认为蒂尼娜是一个富有心机的人。面对众人的议论，蒂尼娜的表现淡定自若。

到了举办庆功宴那天，蒂尼娜上台发表演讲时，把一摞厚厚的设计方案展示给大家看。她告诉在场的每个人，这些设计图是她从入职的第一天开始画的。每当公司参与一个合作项目，她私下回家都认真地设计方案。她想着只要公司提交的方案被退回，她就能及时拿出自己的方案。这样做，一方面是展示自己的能力以争取机会，另一方面也尽可能地挽回公司的损失。五年，整整四千多张废弃的设计图纸！此时，在场的所有人都被这个努力的女人折服。

蒂尼娜的例子告诉我们，认真努力，积极主动出击的人总能得到他人的认可。他们通过努力让自己拥有震慑人心的强大气场和十足的人格魅力。

13 成功可以复制，风格必须原创

成功是可以复制的，人却不可以。每个人都必须遵从内心的选择，成为独一无二的自己。否则，即便成功，也不会快乐。

特玛·卡扎和艾玛·卡扎是一对双胞胎姐妹花。特玛在高中的时候被星探发现，拍了一辑饮料广告，一夜成名。此后，特玛开始接拍广告、电影，甚至开始演唱事业。艾玛非常羡慕姐姐早早走上成功之路，暗地里开始模仿特玛。不久，一些经费不足的商演开始请艾玛上台模仿特玛。很快地，艾玛也积累了一些人气。这时，有部电影邀请特玛和艾玛一起演绎一对双胞胎姐妹。可影片出来的效果并不好，人们发现艾玛只是特玛的影子，毫无特色。从此，艾玛被定位为低成本商演、电影的邀约对象，因为她没有太多人气，唯一的优势就是她是特玛的双胞胎妹妹。

这样的日子持续了四五年，艾玛突然心生厌倦。整天都在模仿姐姐，失去了自己，艾玛感到非常压抑和痛苦。她决定告别过去，不再模仿姐姐，并选择了自己喜爱的侦探片作为演艺事业的突破口。几年后，艾玛渐渐形成了自己的风格，她塑造的睿智、冷静、思维缜密的"女侦探"形象深入人心。从此，在影视界里，有一对出名的姐妹花，姐姐凭借演绎经典爱情片成为家喻户晓的明星，妹妹则以成功塑造冷静、睿智的女侦探形象而闻名。这时，特玛见到艾玛，发现她身上散发着一种快乐和自信的光芒。

相信艾玛曾经犯下的错误，很多人都有共鸣。

当你找到属于自己的风格，你需要勇气坚持自我。不要做依靠别人才能过好日子的公主，而是要做自己生活的主人，当一个有风格的女王。

14 不要瞎忙，一生做对四件事

女人的一生不要瞎忙，做对四件事，趁早让自己掌握收获幸福的能力。

第一件事，找对平台。做自己喜欢并适合自己的事，找一个能让自己充分发挥、专注投入的平台，能够有一群志同道合的人，一起为了一个目标努力。这样才能一步步地实现自身的价值，找到职业认同感和个人成就感。

第二件事，交对朋友。朋友要能真正影响你和提升你的生活品质。不要和悲观、抱怨、牢骚满腹的人交朋友，他们会让你丧失进取的动力。不要和心术不正、醉心权谋的人交朋友，他们让你感受不到纯粹的放松以及人与人之间的爱与善意。不要和心胸狭隘、锱铢必较的人交朋友，他们会影响你的眼界和胸怀，让你走不了多远就败下阵来。朋友应该是在一起相互慰藉、相互激励，彼此能够最大限度地实现自我，真心为对方的成功感到欣慰的人。应该是让你看到更宽广的世界和不一样的风景，生活得更精彩的那群人。

第三件事，跟对贵人。你是千里马，也需要有伯乐来识。所以要先找到伯乐，即贵人。贵人是鼓励和帮助你的人，是给你明确方向的人，是教你树立正确思维、正确价值观、正确人生理念的人，是给你理顺、修正思路的人，是激励你看到自己优点的人，是提醒你让你认清自己不足的人，是分享新的观念和好消息的人，是为你带来正能量让你轻松愉悦的人，是为你提供学习机会和发展平台的人，是介绍成功朋友给你认识的人。如果你的身边有这些人，请一定要好好珍惜。

第四件事，找对爱人。好的爱人，风雨兼程，一生陪伴。有句俗语说，我爱你不是因为你是谁，而是因为与你在一起时我更像我自己。因而爱人要懂得你想要的和你的梦想，喜欢在他面前那个真实的你，并且你们能够通过努力最大限度地彼此成就。好的爱人是让人感到自由和放松的，你越自在，你们就越亲密。而捆绑在一起的爱人，不是爱情，是私欲，是彼此折磨。

15 即使不漂亮不年轻，也可以风情万种

　　老去很容易，优雅却很难。一个女人，如果能把自己修炼成精，那么，这种女人就是女人中的精品，即使不漂亮不年轻，也会风情万种，妩媚动人，身上散发出的独特魅力，让人过目不忘。

　　女人懂得如何修炼自己，在任何一个年龄阶段都会魅力四射，不仅要善于修饰容貌，还要修炼心性。穿衣打扮，仅仅是一种姿态，而魅力要超越美丽，它是从骨子里散发出的一种气质。女人要有魅力，就要时刻保持一种自信的姿态，时刻都要拥有一张鲜亮的面孔，这是内心昂扬向上的宣言。

　　二十五岁以前的女人，容貌是天生的，即使不漂亮，也还拥有青春的活力；二十五岁以后的女人，容貌就需要自己负责，

要懂得保养自己，这种"养"包含了营养和修养，内养、外养要同时进行。思想与内心的丰盈是唯一能使容貌超越年龄界限的秘密武器。

这种修炼使女人性情淡定，善解人意，举手投足间都会透着一种高雅和灵秀，这种韵味是一个长久渐变的过程。女人到了三十五岁、四十五岁或者更老的时候，内养、外养就会相互渗透，相互协调。一种风情万种的气质就会展示在女人的容貌上，这种教养与魅力都是人格的提升。

女人要时刻保持美丽和自信，优雅地过着充实的日子，品着一杯淡淡的咖啡，看着镜子里自己精致的妆容，微笑着说："纵然时光倒流、青春回转，我依然爱现在的我。"

第 2 根本：品格
心地善良，才会长相年轻

美丽的外表只能创造初次接触的机会，人格的魅力才能经得住时间的考验，渗出沁人的芬芳。

1 勿以轻狂辜负好时光

最痛苦的不是失败的泪水，而是不曾努力的懊悔，别让明天的你，讨厌现在的自己。时间是公平的，给每个人的一天都是二十四小时，差别只在于是否珍惜。

科特的理想是成为知名的动漫导演。他毕业后从事与动漫相关的工作。不过，这份工作却没有给他带来理想中的成就感。刚进公司，老板只给他安排了一个后期剪辑的工作，这跟他的理想有很大差距。为此，科特感到很压抑。更让他无法忍受的是，同事还总是把额外的工作都推给他做。

这样的日子持续了三个月。直到某天，在会议上，组长责问科特为什么没能如期完成工作任务，他终于忍不住咆哮："我必须在完成自己本职的工作后，才能去完成别人的工作。如果你不把别人的工作交给我，我怎么可能不按时完成任务？"这时，科特的组长非常惊讶。他惊讶于科特的态度，因为科特从来就没有把自己工作上的困难告诉他，他一直以为科特是一位出色的人才，能够把多方面的事情处理得很好。组长正想跟科特私下好好沟通，没想到会议刚结束，科特就递上辞职信，说："我会让你后悔的，你因此损失了一位出色的员工。"说完就转身离开。

科特身上有很多人的影子：看待事物过于理想化，无法放低心态，总是站在自己的角度揣摩别人的心思，遇到困难和障碍也不与团队沟通，遇到问题就想辞职走人，逃避问题。这样烦躁、过于情绪化的心态，会让自己浪费很多时间，也严重影响自身的发展。

卡莎是美术学院的学生，拥有很高的绘画天赋。然而，可惜的是，卡莎还没毕业就结婚了。她和结婚对象蒙格尔在西班牙的斗牛场偶遇，一刹那的眼神交会便定下终身。相识三天后，蒙格尔向卡莎求婚，卡莎答应后，两人就前往教堂举行了简单的结婚仪式。

婚后，卡莎才了解到蒙格尔是一家知名纺织业品牌的继承人，衣食无忧的卡莎便辍学当起全职太太。可好日子并没有持续多久，蒙格尔家族的长辈开始以家族的规矩来要求卡莎，希望她成为一位得体、优雅的女性。可生性随意的卡莎却觉得非常痛苦。她为此多次向丈夫抱怨，丈夫夹在卡莎和家族之间非常为难。渐渐地，卡莎与蒙格尔家庭成员之间的矛盾演变为夫妻之间的矛盾。在一次剧烈争吵中，两人互不相让，卡莎以离婚相威胁。蒙格尔非常愤怒，两人在丧失理智的情况下结束了婚姻。

有很多人意气用事让自己错失一个工作机会，错失爱人或者说出无法收回的话，把人际关系推向悬崖，让自己陷入困境。

在这个世界上，药有千万种，唯独没有后悔药。在年轻的时候，女人应该学会冷静、理性和克制，珍惜时间、珍惜原本可以在一起的爱人，懂得权衡利弊，勿以轻狂辜负好时光。

2 无论别人怎么对你，都不要看轻自己

奥托·瓦拉赫是 1910 年诺贝尔化学奖获得者，他的成功极富传奇色彩。在开始读中学时，父母为他选择的是一条文学之路。不料，一个学期下来，老师为他写下了这样的评语："瓦拉赫很用功，但过分拘泥，这样的人即使有着完美的品德，也绝不可能在文学上有所成就。"

父母于是让他改学油画，可瓦拉赫既不善于构图，又不会润色，对艺术的理解力也不强，成绩在班上是倒数第一。老师的评语更是令人难以接受："你在绘画艺术上是不可造就之材。"

面对如此"笨拙"的学生，大部分老师认为他成才无望。只有化学老师认为他做事一丝不苟，具备做好化学实验应有的品质，建议他试着学化学。于是，瓦拉赫智慧的火花一下子就

被点燃了。很快，这位在文学和绘画艺术上的不可塑之材在化学方面竟然成为公认的"前程远大的高才生"。

找准属于自己的道路，踏踏实实地干适合自己的事情，充分发挥自己的优势，无论别人如何对你，都不要看轻自己。这就是奥托·瓦拉赫给我们的启示。如果你看不到自己的优势，甚至对自己失去信心，这会是你今生最大的缺憾。

自尊和自信来源于对自己优势的确认，以及随之而来的对自我价值的肯定。确认自己的优势是人的"精神生长点"。你必须独具慧眼，善于发现自我，把握你的这一最重要的"精神生长点"。

心理医生安德鲁说："女性比男性更容易陷入自卑的泥潭，更容易受到外界评价的影响。"因而女人更要学会正确评价自己，拥有自我激励的能力。如果你的心里没有任何一丝退缩，那你就会全力以赴，这样成功的概率会大大增加。

3 愚蠢的人才跟自己的缺陷较劲

英国的画家曾通过一千多名男性的票选，将他们认定的女性最美脸型、五官和身材拼凑在一起，结果发现这样一位"完美"的女性让人啼笑皆非，感觉不像人，更像是卡通人物的形象。事实上，没有一个人是完美的。因而我们真正需要做的是接纳不完美的自己。

迪克森是勇闯好莱坞电影圈的一个著名丑角。作为男演员的他，身高不足 1.6 米，被同行笑称为"天生残疾的男演员"。迪克森深知自己的不足，也了解自己有足够的表演天分，并且热爱这个行业。于是，他不断地努力奔走于各个剧组进行面试。即使被拒绝无数次，迪克森仍然坚持不懈。

有一次，一个已经面试迪克森不下十次的导演终于忍不住问他："你究竟有什么勇气来面试？你难道不知道身高是你致命的缺陷吗？"迪克森高兴地握住了导演的手说："先生，感谢您，您是第一个肯对我发出疑问的人，我现在就回答您的问题。我不是不知道自己的缺陷，但是我认为一部能打动人的影片必须是真实的。生活中，人就是有高矮胖瘦的区别，我觉得电影里有长相优秀的人，也应该有像我这样的绿叶。当然，我之所以来面试，还因为我对自己的表演才能有足够的自信。"这位导演被迪克森的话打动了，要求迪克森即兴表演。迪克森表演后，导演决定给他一个台词非常少的配角。可是，正因为这次机会，迪克森渐渐开始活跃在银幕上，担任各种丑角，慢慢迎来了人生的巅峰。

后来，在一次颁奖晚会上，迪克森要上台接受最佳男主角奖。可是主持人故意为难他，把话筒的高度调得比迪克森还高。迪克森踮起脚尖，伸长手把话筒给调下来，然后神情自若地对大家说："我爱死我的身高了，要不是这个高度，我还真达不到现在的高度。"语毕，现场响起一片热烈的掌声。有趣的是，迪克森后来还当了导演，并接受了那次戏弄他的主持人的面试请求。主持人被录取后，不可思议地问迪克森："难道你不恨我吗？"迪克森笑着对他说："在你看来，那是个缺陷，可在我看来却不是，所以我没有任何怨气，更谈不上讨厌你。"

曾有人说过一句话：愚蠢的人才跟自己的缺陷较劲，有修养、有学识的人接受自己的不完美；可只有内心足够强大的人才能够原谅和悦纳自己的不完美。真正悦纳自己的缺陷，是有足够强大的内心去接受不能改变的不完美，认可这个缺陷成为自己生命中独一无二的标签。只有这样，人才能做好自己，才能真正愉悦，而不受他人和世俗眼光的影响。

4 做选择之前先把心养好了

卡梅尔女士是著名服装品牌的创始人。她是一位非常成功的女性。年过五旬的她，不仅事业有成，谈吐优雅，容貌也保持在三十五岁上下的样子。她被服装界称为"不老女神"。而这位不老女神保持美丽的秘密，就是她会不时停下脚步，清理自己的心，让自己保持一颗干净、年轻的心。

在卡梅尔女士二十五岁的时候，遭遇了人生中的第一个重挫。她被深爱的人背叛，陷入了极度的沮丧当中。当时，她经营的服装品牌却因一个意外的契机，得以扶摇直上。可她的父母希望她接手家族的药业生意。为了不辜负父母的期望，她奔走在自己的事业和家族企业之间，加之情感上的重创，使她身心俱疲。

就在这个时候，卡梅尔女士毅然决定放弃上千万的服装订单，决定"伤"一次父母的心，来一场没有任何工作的旅行。在旅行过程中，卡梅尔女士暂时断绝了与家人、亲友的联络，让自己完全沉浸在路上。她不断反思感情失败的原因，思考未来的人生走向，直到做出一个决定：放弃家族企业，全力奋斗自己的事业。学会爱自己，试着调整身心疲惫的焦虑状态。

她反思感情的失败跟自己没有时间陪伴伴侣有一定的关系。不再插手家族事业，就可以拿出充裕的时间来跟心仪的对象相处。通过这样的整理，卡梅尔女士把失恋的情绪宣泄掉，在长久以来困扰自己的家族企业和自身事业之间做出了取舍，使自己变得轻松起来。

有时候人生的痛苦不是没有选择，而是有太多的选择。当太多的选择和太多的烦恼充满身体的时候，就要停下脚步，整理人生。适时将内心放空，才会有新能量进来，我们才有力量重新启程。

5 想变成自己喜欢的样子，
就和自己喜欢的一切在一起

　　特雷茜非常喜欢制作精美的糕点。上大学时期，特雷茜想选择西点作为自己的专业却遭到父母的强烈反对。父母帮她仔细分析了糕点师这个职业会面临的种种困境，还罗列了糕点师创业可能遭遇失败的几种情况，最后，建议她选择财经专业。特雷茜遵从了父母的意见。

　　毕业后，特雷茜很快就进入投资公司工作。由于工作出色，特雷茜被委以重任，很多大项目都由她来负责。特雷茜开始了空中飞人的生活。每周，她几乎有五天都在乘坐飞机赶往某个城市进行洽谈。特雷茜为此感到非常痛苦。工作上的成就并没有带给她喜悦，银行存款额的增加也没有给她带来幸福感。这样的日子一直持续到一次意外的发生才被终止。

那天，特雷茜乘坐飞机赶往波士顿进行一次商业合作洽谈。结果，飞机左螺旋桨意外受损，情况非常危急，必须紧急降落。可当时的天气条件很恶劣，飞机无法降落。就在大家都在祷告和写遗嘱的时候，特雷茜突然为自己感到悲哀。她从来没有想过生命会如此短暂，她更没想到在自己短暂的生命里，自己竟然一直都在与痛苦相拥。她做着自己不喜欢的职业，过着自己不喜欢的生活，甚至完全没有任何时间去做喜欢的事情，连为爱人做一个蛋糕都做不到。特雷茜向上帝祷告，如果再给她一次生命，她绝对不会再这样生活。上帝好像听到了她的祷告，最后飞机顺利降落，特雷茜安全地返回地面。回到公司的第一时间，特雷茜就递上辞呈，愉悦地告诉老板，她从此要过让自己欢喜的日子。

其实只要你愿意，一定可以选择自己喜欢的事业，不用理会别人的眼光。选择自己喜欢的朋友，坦诚相待，你会因被爱而感到幸福；选择自己喜欢的生活方式，遵循自己的节奏，你会活得从容而真实；选择你真心眷念的爱人，和他在一起，寻常日子也可以过得风生水起。

做些自己喜欢的事情，和自己喜欢的一切在一起，你也一定会成为自己喜欢的样子。

6 敬重别人，不随意贬低自己

高质量的人际关系会提升人的幸福感。在压抑、糟糕的人际关系里，人们常常会处于焦头烂额、疲惫不堪的状态。所以，用心经营自己的人际关系是女人提升幸福感的一个重要渠道。

那么，如何经营自己的人际关系呢？所有人际关系的交往准则里，只有两条铁律，没有任何其他技巧。第一条是：别人很重要，你必须敬重别人；第二条是：你很重要，不能随意贬低自己。其中，第一条铁律是基础和前提。只有你敬重他人，才有开展和经营一段关系的机会，才能经营出一段良性的关系。你要明白，任何戏弄他人的小聪明都不会长久。时间永远是最公正的裁判。

朱迪斯是公司里新晋的女公关。她的特长是能挖掘到别人

无论经历什么，请始终保持一 ▶
颗虔诚、明亮的包容之心。

深藏的并引以为傲的优点，不露声色地赞美对方，获得对方的青睐。这个优点也确实为她赢来了不少小订单。于是，公司决定派她去接洽一位重要的客户——切米尔夫人。这位夫人是出了名的难缠，任何人的赞美都不能打开她的心扉。

于是，朱迪斯认真查阅有关切米尔夫人的所有报道，发现她非常喜欢做手工活。见面的时候，朱迪斯就对切米尔夫人说："您的手工作品，虽然不能称得上是大师级的作品，但是真正难得的是生活在富裕家庭的您，却能把手工作品做得这么好。"就这样，不同于别人赞美切米尔夫人的高贵和美丽，朱迪斯的"用心"让她打开了切米尔夫人的心扉，两个人竟然成了携伴同游的朋友。切米尔夫人的大订单也决定交给朱迪斯。

然而，令人意外的是，就在签约的前一天，公司接到切米尔夫人撤掉合作的决定。朱迪斯再次找上门也吃了闭门羹。究其原因，竟然是朱迪斯跟同事间的聊天意外被切米尔夫人听到了。朱迪斯在对话中，把切米尔夫人的形象和手工作品评价得一文不值，让切米尔夫人看穿了她的真面目。所以说，时间总会证明一切。表面上的附和、恭维也许会让你一时得意，而唯有真心才能经得起时间的考验。只有发自内心地敬重他人，发自内心地祝福别人，才是一切美好因缘的开始，它让我们的人生路更好走。

7 大气的女人给自己带来好运

心有多大，舞台就有多大。这是很多人熟悉的名言。但是，很少有人能真正领会其中的含义。这句话表面的含义是：人的视野有多开阔，事业心有多强，就能创造多大的人生舞台，成就与众不同的人生。其深层的含义是：你的心有多大的空间，才能干多大的事情。而人心的空间则取决于一个人的心胸和气度。

曾经有一位画家，他向一位大师请教成名的方法。这位大师告诉他：你的心有多狭隘，你的作品就有多粗俗；反之，你的心胸有多宽广，你的作品就有多高雅。可这位画家并不明白其中的含义，他还是迫切地渴望成功。他每天都在努力地画画，同时不断地贬低别人的作品。这样的情况日复一日，他的作品还是卖不到好价钱。

直到某天，这位画家决定结束自己的绘画生涯，他认为自己在这个行业不可能成功了。就在结束前，他决定放下成见去参观自己长久以来的对手的作品展。这天，他放下内心的芥蒂，发现那位画家站在自己作品前的身影很美。于是，他回家把看到的一幕画了下来，取名为《对手与他的作品》。画这幅作品的时候，这位画家完全就没指望这能带来什么利益。这只不过是他一时的灵感兴起而已。可后来这幅画被他曾请教的大师看见，并带到展览会上，这位画家因此一举成名。用大师的话来说，这位画家之所以成功，是因为他的作品里再也没有狭隘的东西，作品画风优美，更透露着一股欣赏竞争对手的雅量。

一部艺术作品反映着一个人对人生的态度；一个人的作为彰显着一个人的高度，而一个人的高度则取决于人的心胸和气度。

同样，一个女人要有所成就，就要有开阔的心胸和常人所不及的气度。这直接决定她的伴侣的命运和一个家庭的兴衰。

美丽的外表只能增加初次接触的机会，而人格的魅力则能经得住时间的考验，渗出沁人的芬芳。生活中，分毫必争，眼里揉不进一粒沙子的女人，总是别人敬而远之的对象。没有人喜欢跟这样的人交朋友，也没有人喜欢这样的女人。她们自以为精明的个性，反而常常限制了她们的眼界和发展。

8 容纳别人的成功，
我们才能真正成长

　　衡量一个人是否有所成长的标准基于进步。一个在为人处世、生活态度、自身修养等诸多方面没有进步的人，只能算老去，而非成长，更谈不上成熟。一个人的成长就是一个不断发现错误、不断修正、不断前进的过程。

　　著名的世界级演说家安德鲁克斯在成为演说家之前，是一名记者。他认为自己在语言上很有天分，可总是写不出获奖的评论。后来，比他晚入行的邻居却写出了获奖的文章，还因此成为各大媒体御用的金牌评论员。这点让他很不服气，他还因此拒绝与对方联络。

　　几年后，安德鲁克斯因为机缘巧合，不得不到邻居家取东西。就是这次意外的造访，彻底改变了安德鲁克斯的人生。原来，他发现这位比自己晚入行的邻居，写了满满一个地下室的文稿。这些文稿都是被退回的稿件。别人比自己还要努力，比自己更早获得成功也是理所当然的事情。当然，这样的观点，安德鲁克斯几年后又有了不同的领悟。随着阅历的增加，安德鲁克斯认为：一个人的成功与时间的早晚、年龄的大小、资历的深浅无关，更多的是出自于一个人的努力和条件机遇。懂得容纳别人的成功，是一个人真正成长的表现。

懂得容纳别人的成功，还要懂得容纳自己的失败。能接受自己失败，还要学会容纳生活的不公、社会的不公，并将此当成是一种磨炼。

在每个人成长的过程中，势必要容纳很多不同的事物，看到不同的风景，领略到不一样的喜怒哀乐、爱恨情仇。这就是人生。无论经历什么，请始终保持一颗虔诚、明亮的包容之心。

9 怨恨会毁掉清新和美丽

怨恨会让女人变丑。伤人必自伤，将恶毒的能量对准他人，也会把内心的阳光驱散。你可以愤怒，然后采取行动改变；你也可以重新反省，完善自我。但是为了自己的美丽容颜和清新气质，一定不要让自己心生怨恨。

我妻子有一个面目清秀的女性朋友，多年没见，再相见时，吓了我妻子一跳，一时间张口结舌，不知该说什么好。对方倒是很平静地说："我变老了，是吧？"妻子说："我们都老了，岁月不饶人嘛！"她苦笑了一下说："我不仅变老了，还变丑了。"

据说，这个女人拥有很不幸的婚姻。一个不幸福的女人会有一脸苦相，而年轻的女孩子就没有这种相貌。女人年轻的时候，基本上都是天真烂漫的。但是看中年妇女，就能看出幸福和不幸福两种面相。到了老年妇女那里，差异就更大了，基本上一种是慈祥的，一种是狰狞的。

那个女人抱怨说："因为我的婚姻不幸福，我又没有办法离婚，所以一直在怨恨中生活、煎熬。对着镜子，我一天天地发现自己变得尖刻和狰狞起来。当然，这不是一天发生的，别人看不出来，但我能够看出来。我用从自己身上得到的经验去看别人，竟是百分之百的准确……"

每当我想起她来，心中就泛起一阵刺痛。她已经在亲身经历中汲取了智慧，但是却并没有让自己从怨恨的长河中全身而退。

生活是可以塑造一个人的相貌的。女人会因为心理不健康而变丑。因为心理不健康而导致身体上的病患，这是确定无疑的事。

为了不得病，不变丑，趁早结束充斥着怨恨的生活，让爱充满心灵吧。

10 自私的人最终会失去快乐

不懂得分享，快乐就是禁锢的，不流通的，没有回馈的。只有懂得分享的人，才能真正体会到生命的欢乐和存在的意义。

丽莎是个开朗、健谈，善于分享，凡事会照顾到别人感受的人，因而拥有很多朋友。她在旅行回来后会带给大家礼物，跟大家分享自己的旅途见闻，带给大家不同的惊喜和欢乐，在朋友当中是一个博闻强识、能为他们生命注入鲜活动力的阳光女孩，深受朋友喜欢。

而另一个男孩子乔则自私、狭隘，对周围的人不闻不问，极少看到他与三五好友一起玩，而且大多数时候他都是一副眉头紧皱、若有所思的样子，一点儿都不开心。

有一天，乔找到丽莎，非常苦闷地问她："你能告诉我，为什么我活得一点儿都不快乐吗？"丽莎很直接地告诉他："因为你缺乏爱人的能力，你在心里只爱你自己。"

在生活当中，的确有很多这样的人，凡事以自我为中心，追求个人利益的最大化，不懂得关照别人的感受，不懂得分享，因而很少有推心置腹的好朋友。独自承受苦闷，遇到困难也是一个人，时间久了便对生活失去信心，充满抱怨，觉得别人都不够爱自己。

而事实上，爱人、与他人相处全出自一颗自发的心，自发地关照他人、与他人分享喜爱之物，沟通不悦与开心。因为内心有爱，让我们变得热情洋溢，满面春风，也给周围的人带去温馨，走到哪里都是一片大好时光。

心理学家认为：人的潜意识渴望自己成为一个高尚的人，即便是监狱里的犯人，都不曾期待自己会成为糟糕、差劲的人。这就决定了自私和人潜意识的冲突。人出于个人私利而产生自私行为，表面上可能获得某种利益，但是实际上内心的不安、自我否定会给自己带来不愉悦的体验。换句话说，自私的人失去的是快乐。

做一个心里能装下别人、秉承谦卑之心去爱的人，这样也点燃了我们对生活的信心与希望，先从爱身边的人、为他们做些力所能及的小事开始吧。这样不但会给你带来快乐，还会使你变成一个讨喜的女人。

11 会控制情绪的人能委以重任

艾比利是一位著名的电台主持人。她的儿子在一次训练中，双腿韧带拉伤，从此告别了足球生涯，这件事情让艾比利感到无比忧伤。她每天都愁眉不展，沉浸在痛苦中。久而久之，工作也懈怠了很多，引起周围人的不满。

有一次，一个听众在电台直播的时候打电话给艾比利，哭诉一些鸡毛蒜皮的事情，并且反复纠缠，艾比利情绪一度失控："我的事情比你的严重多了，都没你这么烦。"节目结束后，艾比利收到很多听众的投诉，上司也认为她不再适合这份工作，建议她休息半年，再回来工作。

休息期间，艾比利并没有因此平静下来。相反，她觉得很烦躁，总是控制不住自己的脾气，甚至对狗都会莫名其妙地咆哮。艾比利觉得这样很不好，通过朋友找到我，请我给她建议。

我告诉艾比利，要学会当情绪的主人，去驾驭坏情绪，而不是让情绪来主导你。

一个能控制自己情绪的人，更能被委以重任，也更能冷静地处理工作，理性地对待生活。所以，每位女性都要学会驾驭自己的忧伤和愤怒。当你学会驾驭坏情绪，你一定会因此变得可爱和美丽。

艾比利听从我的建议，决定学习管理自己的情绪。对此，我给她介绍了几种方法：

方法一：阅读法。女性朋友一定要有意识地阅读管理情绪的书籍，从中汲取有益的养分，让自己得到成长，更合理地控制自己的情绪。

方法二：把握黄金时间，有效赶走坏情绪。心理学家研究表明：当人的忧伤和愤怒情绪持续超过三分钟，脑部就会自动反复"重播"忧伤和愤怒的事件，从而使这两种情绪逐渐高涨。换句话说，在前三分钟里，人们完全可以通过积极、正面的心理暗示，来减缓和驾驭忧伤、愤怒等坏情绪。

方法三：逃离现场，让自己冷静下来。如果错过黄金的三分钟，当你感到坏情绪在不断膨胀，那么请立即逃离现场，减少事件、环境和人物对个人情绪的影响，避免自己做出错误的决定。

方法四："冷藏"坏情绪。面对小情绪，我们要掌握自行将其消化的能力，通过提高个人的见识、修养和心理素质学会释放压力，消化负面情绪。

方法五：寻找解决方案。当情绪得到缓解，我们不妨把让我们忧伤或愤怒的事件条分缕析，写下解决的方案，积极地处理它。

成功按照这些步骤驾驭自己的情绪，有利于形成鲜明冷静的个人处事风格，高效解决问题。

12 不要用恶语毁掉关系

一段关系的破裂往往源自于一句恶语。恶语从说出口的那一刻起就注定无法挽回。

夫妻之间尽量不说伤人的话，因为说出的恶语都将成为镜子上的裂痕，再怎么修补都会有痕迹。陌生人之间要保持应有的礼貌。因为没有感情基础的陌生人之间，如果缺乏尊重作为桥梁，恶语相向，很可能会引起争吵、肢体冲突等不良的后果。

一句暖心的话，能使人沐浴在春天里，而恶语伤人好比严霜酷雪，冰冷残忍。朋友之间，也不要说伤人的话。因为恶语往往一经说出就覆水难收。

华莱士夫人在结婚前，曾到某市政厅当临时接待人员。刚上班，华莱士夫人就遇到了领导避而远之的难缠对象。这人就是切米舍夫人。切米舍夫人的儿子因为贪污了一小笔公款而被革职，为此，她找了领导很多次，后来领导都不愿意接待她。华莱士夫人冷静地接待了切米舍夫人，并倾听了她的诉求，然后告诉她，她会详细地把这件事情转达给领导，请切米舍夫人留下联络方式，有结果后会联系她。切米舍夫人半信半疑地留下了自己的电话。华莱士夫人跟领导沟通后，打了一通电话给切米舍夫人，说道："夫人，非常抱歉，你的诉求，相关负责人已经介入调查，但是结果很遗憾。"

不久，切米舍夫人再次造访，华莱士夫人依旧微笑着接待她。这一次，切米舍夫人痛哭流涕，说自己的丈夫因为孩子的事情病倒了，请求领导再给她的儿子一次机会。其实，这样的伎俩，切米舍夫人已经用了很多次，旁人也证实她的丈夫并无异样。这一切，华莱士夫人都清楚，但是她依旧告诉她："我真替您感到难过，丈夫为了孩子的事情而病倒，家里应该丧失了主要的经济来源。那么您的儿子呢？您的儿子肯定正为解决家里的经济问题而努力吧？好样的！不再沉迷于过去的失误，不再纠结不可能的事情，重新振作才能使一个家庭拥有新的希望。我为您有这样的儿子而感到骄傲。"

听完，切米舍夫人呆呆地看着华莱士夫人，擦干了眼泪，向她道谢，谢谢她愿意倾听她的痛苦。道谢后，切米舍夫人羞愧地离去，没有再来。华莱士夫人的说话艺术也因此闻名。

华莱士夫人越来越多的故事传出来，很多人都争相邀请她当自己的秘书，她的身价也因此大涨。这就是说话的魅力。

要成为一名成功的女性就应该如此。无论自己多么愤怒，对方多么无理，都不要恶语伤人。因为谁都不具有伤害别人的权利。讲究说话艺术的女人一定会在职场中游刃有余，一定能把日子过得闪亮。

13 学会欣赏别人，也是为了自己快乐

在阅读这篇文章之前，请先认真回答以下几个问题：

（1）你觉得你的同事容易相处吗？

（2）你觉得你的伴侣和伴侣的家人容易相处吗？

（3）你是否觉得身边性格糟糕的人很多？

（4）你是否在勉强自己跟身边的人打交道？

（5）在和身边人相处的过程中，你很少能产生幸福感吗？

如果你的答案有三个是肯定的，那么请检查你自身的问题。这是我在一次课堂上对学员说的话。当时，女学员露莎立即就对我说："亲爱的戴尔老师，我知道您想说什么。您希望我们懂得欣赏别人，迈向成功。可是，我真的觉得身边的人都不如我优秀，没有什么事情是值得我从他们身上学习的。"

我反问露莎，那么以上五个问题，你有肯定的答案吗？露莎回答我说："跟糟糕、差劲的队友相处，怎么会感到快乐？"这时，我微笑着问露莎："那在你的人生里，你找到值得你敬佩和学习的对象了吗？"露莎自信满满地对我说："还没有。"

生活中，像露莎这样的人有很多。他们通常比较优秀，也自视甚高。按照露莎的描述，她身边的同事确实有几个很糟糕。同事 A 有严重的拖延症，每天嚷嚷着工作很多，却总是在跟朋友闲聊电话或涂抹指甲油。同事 B 很喜欢走捷径，模仿别人，所有的工作都干得毫无新意。而露莎的上司是个典型的喜欢推卸责任和抢夺功劳的人。用露莎的话说，真的找不到这些人身上哪里有值得学习的地方。

露莎带着这样的情绪，自然跟他们相处得不好，也很难开心起来。学会欣赏别人实际上是为了让自己好过，是为了让自己变得更加快乐。

我的朋友威廉医生曾经说过："能否发现别人身上的闪光点是检验一个人成熟的标志。"

后来，露莎听从我的建议，试着去观察她那些糟糕的同事究竟有什么优点。结果，当她放下成见，发现同事 A 竟然是个有急智的人，总能在工作提交期限的前一刻又快又好地做完事情；同事 B 虽然工作做得毫无新意，但却能保证每件工作的完成效果都保持一定水准；而上司是一个对付难缠客户特别有办法的人。当露莎发现原来某个方面不如自己的人，还是有可爱的地方后，和他们的相处也开始变得轻松愉快起来。

曾有人说过："人与人的交往中，你把对方看成一朵花，你就会感到快乐；如果你把对方看成仙人掌，你就会感到痛苦。"同事之间的相处是如此，夫妻之间的相处更是如此。你要学会挖掘对方身上的可爱之处，然后欣赏对方，并欣然接受对方的不足。女人如果能做到这一点，幸福感就会提升很多。

试图欣赏别人的优点。不管你能做到什么样的层次，我都希望你做的一切，出发点都是为了让自己变得更加快乐。

14 要有善待痛苦的勇气

　　奥尔斯夫人和奥尔斯先生共同经历了很多困难才成为夫妻。当时，奥尔斯夫人的家族强烈反对两人结合，但是奥尔斯夫人排除万难，坚持跟奥尔斯先生在一起。面对这样一段轰轰烈烈，经过考验的爱情，奥尔斯夫人从来就没想过丈夫会背叛自己。

　　直到有一天，奥尔斯夫人意外撞见了丈夫和情人约会，顿时犹如遭遇灭顶之灾。奥尔斯夫人非常痛苦，她立刻找到要好的闺蜜倾诉。可是，她的痛苦并没有因此减轻。相反，她每天跟要好的朋友说同样的话题，她的朋友都觉得厌烦了，对她的态度也变得敷衍了。

　　奥尔斯夫人的痛苦无处宣泄，便开始找丈夫情人的麻烦。她天天到丈夫情人的工作地点、家门前羞辱对方，给对方的家人带来了不少困扰。这时，奥尔斯先生决定跟她离婚。但是，奥尔斯夫人拒绝离婚。这样的日子一拖就拖了好几年。在彼此折磨压抑的日子里，奥尔斯太太终于崩溃了。她找到我的好友威廉医生请求帮助。为此，威廉医生也跟我进行了讨论。

最后，我们建议奥尔斯夫人首先应该做的是不要"复习"自己的不幸，而是要学会接受现实。因为反复地倾诉是在不断重温痛苦的记忆。通常情况下，人的记忆会随着时间而慢慢被搁浅、遗忘。可一旦反复地进行相关的温习，就会使痛苦历久弥新，从而增加自己的痛苦。另外，还要学会接受痛苦。人的任何痛苦，都不会因为逃避而减轻。奥尔斯太太因为不肯接受离婚，总是拖延离婚的时间，最终伤害了别人也伤害了自己。她在这样的痛苦中沉沦，并不能带给她快乐、幸福和新的生活。

所以，我们建议奥尔斯太太接受现实，用理性的思维来思考解决痛苦的方法。面对一个不再爱她的丈夫，企图强留婚姻只会让她变得更痛苦。只有学会勇敢舍弃，才能重新拥有幸福。

奥尔斯夫人听了我们的分析后，决定先开始一段单人的旅程。在旅行的过程中，她一边欣赏风景，一边沉淀自己的心情。当她发现自己不再重复回忆与丈夫交往、结婚和遭遇背叛的情景后，整个人都变得轻松很多。慢慢地，她的心情平复下来。她开始冷静地思考如何处理这段婚姻，如何度过此后的日子。经过理性的分析，奥尔斯夫人认为勉强维持婚姻对她来说已经没有任何意义，所以她决定跟丈夫离婚。而对于离婚后的生活，奥尔斯夫人计划开一间花店，做自己最喜爱的插花事业，用一颗善良的心祝福别人，并在花店里等待能给她带来幸福的人。有了这样的计划后，奥尔斯太太不再畏惧单身生活了。离婚半年后，奥尔斯太太自信地出现在我们面前，微笑着对我们说："请叫我美丽的莱雅小姐！"

有时候，痛苦就是这样一种神奇的东西。你越是温习它，你就越痛苦；你越是着急往外推，它就越缠着你。而当你试着让自己平静下来，勇敢地接受它，运用理性的思维分析造成痛苦的根本原因，并积极寻求解决痛苦的方法，反而能摆脱痛苦，重新愉快地生活。如果你没能立刻从痛苦中抽离，也不要紧，在漫长的人生里，时间是最好的良药，你大可慢慢消解。当你学会自己承受痛苦、消解痛苦的时候，其实也成就了更加强大的自己。因为在痛苦中绽放的玫瑰，就是如此的美丽。

15 称赞每一个最细微的进步

和我们成就的事业相比，我们只是半醒着。

我很久以前就认识了皮特·巴洛，他把一生的精力都奉献给了马戏团，奉献给了马戏表演，他对狗、马等动物的性情都很了解。我时常看见他训练新来的狗做游戏，同时发现，只要新来的狗在表演上稍微有一些进步，巴洛就会拍拍它的头，称赞它，还会给它鲜肉吃。

这的确不是新鲜的事情，因为几个世纪以来，训练动物的人都是运用这样的技巧。可我奇怪的是，当我们想要改变一个人的意志时，为什么不选择用马戏团训练狗那样的技巧呢？我们为什么不用鲜肉代替可怕的皮鞭呢？也就是说，为什么不用赞美来代替指责呢？就算一个人只有一点儿进步，我们也要赞美，因为那样可以鼓励别人继续进步。

回想过去，就是因为有很多地方得到过赞美，我才拥有了这样的人生……你的一生中，是不是也有这样的情形呢？历史上因称赞而使人进步或成功的例子，简直多如天上的繁星。

有一个这样的例子：从前，有一个小男孩在那不勒斯的工厂里做工，他从小就想成为一名歌唱家，可是他的第一位老师给了他一个沉重的打击，老师说："你唱歌的声音很难听，相信没有一个人会喜欢听你唱歌。"孩子的母亲是一个贫苦的农家妇女，她经常把男孩搂过来赞美他。她告诉儿子说他的歌声很好听，她已经看出了他的进步。仁慈的母亲每天都光着脚去工作，只是为了省下钱给儿子交音乐班的学费。就是因为母亲不断地鼓励儿子、赞美儿子，才改变了这个孩子的一生。你们也许听说过这个孩子的名字，他就是当代著名的歌王恩里科。

在19世纪初，伦敦有一个年轻人梦想成为一名作家，可是他遇到的每一件事情都好像在跟他作对……他上学没有超过四年，父亲因为还不起债进了监狱，他经常和饥饿为伍。最终他找到了一份工作，是在一间老鼠成灾的货仓里粘贴墨水瓶上的标签。晚上，他就跟两个贫民窟的孩子住在一个狭小的暗房里。他虽然没有放弃写作，但是对自己的文章没有太大的信心。当完成了第一篇稿子后，他很怕别人讥笑他，所以他选择在晚上偷偷地把稿子投进邮筒里。他不停地写稿、投稿，可是他投递的稿子都被无情地退了回来。

终于有一天，他的一篇稿子被征用了。尽管他没有得到一分钱，但是征用那篇稿子的编辑十分赞赏他的作品，这令他特别激动，甚至泪流满面地在街头上走来走去。由于这篇稿子得到了别人的称赞和承认，所以他更加努力创作，终于改变了自己的一生。也许你已经知道他是谁了，对，他就是英国的大文学家查尔斯•狄更斯。

美国著名的心理学家、哲学家威廉•詹姆斯的名言："和我们成就的事业相比，我们只是半醒着，我们只利用了我们本身资源的一小部分。也就是说，每个人就这样活着，远在他应有的极限之内，他有很多的力量，可是都不善于利用。"非常准确！我们的确存在着很多种潜力，可是却不习惯利用。在这些潜在的能力之中，很重要的一项就是称赞和激励别人，让他们知道自己潜在的能力及其蕴含的财富。

所以，倘若你想改变一个人的意志，但是又不想引起别人的反感，那么这项规则是：称赞每一个最细微的进步。

16 倾听——对他人的最高赞扬

倾听，本身就是一种我们可以给予任何人的最高赞扬。

前一段时间，我参加了一个聚会。我不会玩桥牌，恰好有一位女士也不会玩。她知道，在洛厄尔·托马斯去香港从事电台事业之前，我曾经做过他的助理。尤其是关于他的欧洲之旅，我帮他做了很多的准备，也提供了许多帮助。于是，她说："哦，卡耐基先生，我希望你能告诉我你游览过和你看到过的那些美丽风景。"

我们坐在沙发上交谈的时候，她说，她和丈夫刚刚从非洲旅游回来。

"非洲！"我叫道，"多么有趣！我一直想看看非洲，但除了阿尔及尔，我从未在非洲其他地方待过一天。能告诉我你都去过哪些地方吗？你真是太幸运了！真让我羡慕。请给我讲一些非洲的情况吧。"

接下来，她足足说了四十五分钟。她不再问我去过哪里，我看到过什么。因为她不想听我谈论我的旅行，她只需要一个感兴趣的听众，听她讲述她的经历。

她和别人不一样吗？事实上，很多人都是这样。

例如，我在纽约图书出版者的晚宴聚会上，遇到了一位杰出的植物学家。以前，我从来没有跟植物学家接触过，因此，我觉得他特别有魅力。我坐在椅子边听他讲述稀有植物、植物实验以及室内园林的知识。当我告诉他我拥有属于自己的室内园林之后，他表现得很友好，并且主动教我一些解决相关问题的方法。

正如我所说，我们是在一次晚宴上遇到的。晚宴上，还有其他的十几位客人，但我违反了社交礼仪，忽略了其他人，只和植物学家进行了几个小时的交谈。

深夜时分，我告别大家准备离去，植物学家转身对接待我们的主人说了一些恭维我的话。他说，我能够激发一个人说话的热情。是的，我是这样的。最后他还称赞我是"最有趣的健谈者"。一个有趣的健谈者？为什么？说实在的，我不知道任何有关植物学的知识。我几乎说不出任何事情，我无法说什么，但我能做到全神贯注地聆听。因为我感兴趣，所以我认真地听了。而那个植物学家也感觉到了我的认真和兴趣，他自然非常高兴。

倾听，是一种我们可以给予别人的最高赞扬。

一个企业家成功的秘诀是什么？对此，哈佛大学前校长查尔斯·艾略特说："一个成功的企业家没有什么秘密可言，也许只是全神贯注地倾听。因为全神贯注地听一个人说话是非常重要的，再也没有什么比这个更能够恭维一个人了。"

17 千万不要喋喋不休

林肯一生中最大的悲剧，不是他遇刺，不是布斯向他开枪的那一刻，而是他的婚姻……因为他几乎每天都生活在痛苦中。他的律师同事形容林肯的婚姻说，在他二十三年的婚姻里，他时刻都处于"婚姻不幸"的痛苦状态中。二十三年，是多么漫长的时间！林肯夫人的唠叨，整整困扰了林肯半生的时间。她总是抱怨、批评她的丈夫，她认为林肯做的一切都是错的，就连走路都没有一点斯文的样子，她甚至嘲笑林肯像痨病鬼。她总是喋喋不休，试图改变他的一切。

林肯和妻子在很多方面都是不同的，比如说教养方面、生活方面、性情、兴趣……他们时常彼此激怒、敌视。

研究林肯传记的权威议员比弗瑞兹就曾经写过："隔着几条街都可以听到林肯夫人那尖锐刺耳的声音。她整天不断地怒吼，过往的人群都可以听到。她除了怒骂，甚至还会摔东西，对林肯动手，她那愤怒的表情，相信没有任何文字可以描述出来。"

有这么一个例子：林肯夫妇新婚不久之后就和欧莉夫人住在一起，而且那幢房子还住着其他租客。有一天早晨，林肯夫妇正在吃早餐，不知林肯因为什么惹怒了妻子，林肯夫人在暴怒之下，端起一杯热腾腾的咖啡就朝林肯的脸泼过去……她是当着众多住客的面这么做的！林肯没有说一句话，忍着怒气坐在那里。这时，欧莉夫人走过来，用一块温热的毛巾为林肯把脸上和衣服上的咖啡拭去。后来，林肯夫人的嫉妒心，更是达到了让人难以想象的程度，她是那样的激动、暴躁、凶狠……最后，她精神失常了，或许是她咎由自取的结果。

从某个方面来说，妻子的责骂、吵闹以及喋喋不休，已经改变了林肯对她的态度，使他特别后悔这桩婚姻，甚至整天躲避她，不跟她见面。当时，春田镇里的所有律师都要跟着台维斯法官到各个镇子的法庭工作，在周末的时候，其他律师都希望回到春田镇跟家人团聚。可是就林肯怕回家，他宁愿留在他乡也不愿意回到春田镇。

他每年都是如此，宁愿住在杂乱的小旅馆里，也不愿回家听太太喋喋不休的吵闹。

这就是林肯夫人和丈夫争闹的结局。她把珍贵的一切，以及她的爱情就这么毁灭了，酿成了悲剧。

海姆伯格在一所家事法庭工作了十几年，曾经批阅过很多类似的案件。关于这方面的事件，他有这样的见解：男人离开家庭的一个重要原因就是妻子吵吵闹闹、喋喋不休。《波士顿邮报》上曾有这样一段文字："很多做妻子的人，持续不断地在泥地里挖掘，终究完成了她们的一座座婚姻的坟墓。"所以，倘若你要保持家庭的美满和快乐，要遵守的第一项规则就是：千万不要喋喋不休。

18 让人体面下"台阶"

在社交场合中，每个人都作为独立的形象展现在众人面前，因此都格外关注自己的形象，生怕有闪失，所以会比平时表现出更强烈的虚荣心和自尊心。如果在此时，你使他在众人面前下不了台，他将产生十倍于平时的反感，甚至有可能终生记恨你。而如果你给了他一个体面的"台阶"，他会对你感激涕零，产生极大的好感。

在社交场合中，难免会出现一些难堪、尴尬的局面，如果你能适时地为陷入尴尬境地的双方提供一个体面的"台阶"，使他们免于丢面子，也使难堪的局面得到缓解，那么，你会获得别人的好感，并且树立起良好的社交形象，你的处世艺术也大大地前进了一步。

让人体面下"台阶"，你要有机智的头脑，会察言观色，并能不失时机地插入你的话。当然，你的话要使当事者觉得得体而恰到好处，否则，你不但没有给人"台阶"下，反而拆了别人的"台阶"。

有一次，美国总统访问法国，在欢迎宴会上，一名法国翻译把美国总统讲的话翻译错了一个地方，而不幸的是当时被美国翻译人员纠正了过来。当时法国总统极为恼怒，因为翻译失误使法国大丢面子，他几乎要当场下令赶走法国翻译官。

宴会厅里的气氛顿时显得十分紧张，这时，美国总统快步走上前去说："贵国语言纯正而精确，而英语却多歧义，要准确翻译是很不容易的，也许是我讲得不够清楚。"于是，他再一次慢慢地重述刚才译错的那一段，让法国翻译仔细听，并让他重新准确地译出来，紧张气氛终于缓解了。

善于给人"台阶"下的人，是比较有道德修养的表现，也是在社会生活中处处受欢迎的人。与人为友而不为敌，将使你获得更多的朋友。

大卫和林克在一次旅游时到一家餐厅吃饭，桌子对面坐了

人与人的交往中，你把对方看成一朵花，你就会感到快乐；而你如果把对方看成仙人掌，你就会感到痛苦。

一位小姐，那位小姐一边吃东西一边看报，显然看得津津有味。

也许是沉浸在报纸中，那位小姐竟不知不觉地把叉子伸到了大卫和林克的盘子里，小姐猛然惊觉，不觉脸红了。大卫幽默地耸耸肩说："欢迎品尝。"尴尬在一笑之间消失。三人愉快地交谈了起来，这位小姐也是出来旅游的，于是三人决定结伴旅游，一路上愉快极了。

如果小姐的叉子伸到大卫盘子里的时候，大卫敲敲她的叉子，然后一言不发地看着她，保证小姐会很窘，也会严重地伤害一个姑娘的自尊心，她会一辈子诅咒那个敲她叉子并一言不发地盯着她的人。

一辆公共汽车满满地载了一车乘客，突然一个急刹车，车厢里的人顿时东倒西歪，一位打扮时髦的年轻姑娘扑倒在一名男子的怀里，姑娘立时大窘。这位男子稳稳地扶住姑娘，平静地微笑着说："小姐，你真像我的妹妹！"这位姑娘的窘迫感立时消失了不少。

在美国纽约唐人街上，开着一家著名的华人大酒家，一位美国人在这里吃完最后一道茶点后，顺手把一双精美的景泰蓝食筷插进自己的口袋里。服务小姐看见了以后，若是直截了当地叫他拿出来，便会得罪这位顾客，使他以后不敢再来。怎么办呢？

只见服务小姐不露声色地走上前去，双手拿着装景泰蓝食筷的小匣子对这位客人说："先生，我看您在用餐时对华人的食筷爱不释手，非常感谢您对我们的艺术品的欣赏。为了表示我们的感激之情，经餐厅经理批准，我们准备送您这双精美的食筷以及装它的匣子。我们将以优惠的价格记在您的账上，您看行吗？"这位客人明白了服务员的话外之音，在表示了谢意之后把筷子拿了出来。

　　为人处世要尽量与人为善，不要到处结怨。让别人体面下"台阶"即是为善的一种。尽管有时不给人"台阶"于你并无坏处，但是，维护别人的自尊心，缓和紧张尴尬的场面，也是我们道义上的责任，若你这样做了，相信你的朋友会遍布天下。

19 勇敢承认自己的错误

很多愚蠢的人都会竭尽全力地为自己的过失辩护，而那些承认错误的人，却可以给人高贵、高尚的感觉。

一味地争夺根本不能给自己带来称赞，相反，若做到谦让，那么你会获得惊人的结果。

我在纽约的居所附近有一个森林公园。春天到来的时候，树林里百花盛开，还有很多可爱的小动物，我经常带着心爱的狗去那里散步。雷克斯是一只温驯可爱的小狗，因为公园里的游客很少，所以我没有给它戴上项圈。有一大，我和雷克斯在公园里悠闲地漫步，遇见了一位威严的警察。他骑着高大的骏马，严厉地对我说："你为什么不给狗戴上项圈，你不知道这么做是违法的吗？"我顺从地说："先生，我知道，可是它不会伤害任何人。"

那个警察强硬地说："你的保证是没有用的，法律不会认同你的想法。你的狗也许会伤害到公园的小动物，也许会咬伤游玩的儿童，这次我宽容了你，但是如果下次再发生这样的事，你就要见法官了！"我和气地点点头，保证一定遵守他的话。

我的确遵守了那个警察的话，可是我只遵守了几次。因为雷克斯不喜欢戴项圈，而我也心疼它，不想给它戴。所以我抱着侥幸的心理，带雷克斯逛公园时仍旧不给它戴项圈。很多次都没被发现，可是后来碰到了麻烦。那天我带着雷克斯在一座小山坡上玩耍，看到了那位严厉的警察。雷克斯当然不知道会发生什么事情，还蹦蹦跳跳地往警察那边跑去。我知道情况很糟，所以不等那个警察开口就自己承认错误说："警察先生，上次你警告我来公园的时候要给狗戴上项圈，但是我没有照做，触犯了法律，我愿意接受你的处罚。"

那位警察微笑着说："噢，其实我感觉在没有人的时候，带着狗来公园走走是一件很开心的事情！"

我苦恼地说："的确很开心，可是我触犯了法律。"

那位警察反而为我开脱，说道："没事，这么可爱的哈巴狗，不可能伤害人的。"

我认真地说："可是，它有可能会伤害公园里的小动物！"

那位警察继续微笑着说："你可能把事情想得太严重了，我告诉你，只要这个可爱的小狗跑过山，别让我看到，这件事就到此为止了。"

那位警察也是普通人，需要得到一种尊重。当我主动承认错误的时候，他感到很高兴，就会不自觉地对我宽宏大量起来，以彰显他的仁慈。可是如果我跟那位警察争辩，那么就会得到截然相反的结果。

所以说，如果我们知道自己犯了错误，那么我们为什么不自己先找出错误，主动承认呢？这远远比从别人口中得到批评要好受很多，并且还会得到对方的谅解。就像那位警察对我和雷克斯一样。

当我们对的时候，我们可以婉转地让别人接受我们的观点。但是，当我们犯了错误时，我们就要立即坦率地承认错误。不要忘记这句俗语："一味地争夺根本不能给人带来称赞，相反，若做到谦让，那么你会获得惊人的结果。"所以，你想要获得人们的赞同，就要记住这项规则：犯了错误，要立即诚恳地认错。当然，在意识到自己的错误之后，诚恳地改正，则是必不可少的环节。

第 3 根本：财富
谁拥有财富，
谁就有安全感和自由

如果你拥有足够让自己独立的财富，那么选择一个男人的爱情就像选购一件奢侈品，反正你消费得起，只要有时机遇到就好了。

1 受人支配是因为
你不知道自己想要什么

不明白自己的需要，没有明确的目标，女人就会像无根的浮萍，任凭雨打风吹。那些独立强大、活得精彩的女人一定是很早就明白自己的需要，然后一步步实现目标的人。

在遇到自己的 Mr. Right 之前，瑞秋曾独自走过一段荒唐的路。那时她刚与前任男友分手，生活一下子失去重心，她极度孤独寂寞，抑郁痛苦。因为在此之前，她从未有真正面对自己一人的时候，习惯了二人世界的相互温暖、依靠，瑞秋感到自己像突然被抛入了黑暗的无底洞。

她自我放纵了几个月。和并不喜欢的男孩约会，只为排遣寂寞；一个人到酒吧买醉，在早上醒来看着镜子里憔悴的自己徒劳地回想昨天的事；在每个阳光美好的休息日从早晨睡到傍晚，不敢一个人出门。这样的生活持续了几个月，直到某天她打开电视机看到一段对白，剧中的妈妈对刚刚遭遇丈夫出轨的女儿说，你外婆付出生命的代价让我学会自强不息，找到自己的尊严，而我多年秉承的坚强品质却并未传承给你，我只在你身上看到软弱。

那个故事讲述了一个嫁入豪门的女人，在多年的婚姻中，对丈夫和他的家人言听计从，已经完全没有了自我。当有一天她问丈夫晚饭要吃什么的时候，听到一个声音歇斯底里地对她说，我想听一听你自己的声音，你自己在哪儿？

当一个人内心的需求和目标并不是特别强烈、特别明确的时候，就会受到周围的声音支配。这样的后果不仅仅是失去自我，失去尊严，最可怕的是失去独自飞翔和保护自己的羽翼，因而完全依附他人。

女人一定要趁早明白自己的需求，趁早确立明确的目标和严格、精确的路线，一丝不苟地执行。可以去爱人，但得以爱自己为前提；可以沟通彼此的需求，但首先让自己开心；可以成就彼此，但你要首先达到巅峰。不要等到丈夫、孩子都功成名就的时候，却在人群中找不到你的影子，辨认不出你的模样，听不到你的声音。谁让你永远是配角，谁让你永远说自己什么也不需要，谁让你牺牲自我成全别人。努力活出自己的价值，你才是一个完整、独立、有尊严的人。

2 从二十岁开始规划人生

做人生规划越早越好。

去一个陌生的地方，预先弄清楚到达目的地的路径是最重要的事。

很多人对自己最终想要什么都很清楚，但却常常忽略如何到达目的地。想一想自己五年或十年以后的理想是什么，很多人能够清楚地说出来，比如到国外留学，或者在某一个行业达到巅峰等等，但却很少有人认真设计实现目标的路径，甚至连路能不能走得通都不知道。于是很多人在通往目标的过程中开始迷失方向，走了很多冤枉路甚至与目标背道而驰，还有一些人直接走进了死胡同。

因而实现人生目标就好比开车，必须有地图导航，我们需要在启程之前为自己设计出人生地图，将起点、终点和途经的各个关键地点用线连接起来，才是一条有可能行得通的路。哪怕中途偏离方向，也要看看是不是能找到通向终点的最佳路径，并重新启程。通向目的地的路并不是唯一的，而且目的地也不是始终唯一永远不会改变的，也许在执行的过程中，你发现更好的终点，那就尽全力抵达。只要有人生地图在手，我们就不会迷失方向。

女人最好从二十岁开始，就为自己描绘一张详细的人生地图。

在描绘这张人生地图的时候，需要注意以下几点：

第一，靠前的计划要详细，往后的计划要具体。最近五年、十年的计划，要越详细越好。超过十年、二十年以上的计划，则要描述得具体。举个简单的例子，"我要成为一个成功的商人"，这个计划就是模糊的，而"我要成为一个拥有不少于十间连锁餐饮店的经营者"，这个计划就是具体的。详细的计划，就是要尽可能细致地描绘你的愿景。比如，你人生的第一间餐饮店是什么样的餐饮店，中式餐厅还是西式餐厅，坐落在哪里，要达到什么样的规模，受众人群是哪些等等。计划越详细，实现的概率就越大。

第二，靠前的计划，要有具体对应的执行方案。执行的方法越具体，可行性越高，实现目标的机会就越大。此外，在设置目标执行方案时，不宜太完美，应该留有余地。以二十岁设下三十岁成为金融分析师的目标为例，可以参考的执行方案如下：（1）从事金融行业，积累金融从业经验，可以关注金融公司的招聘情况；（2）每晚抽出三个小时的时间，学习初级金融分析师考试资料，满四年工作经验即可参加考试；（3）第五年备考中级金融分析师，具体方法同上；（4）第六年备考高级金融分析师，具体方法同上；（5）如果不能一次顺利通过考试，则次年继续备考，可参加培训班提高备考效率；（6）通过考试后，积极寻找大的金融机构进行面试……按照理想的执行方案，第六年，也就是二十六岁的时候就能成为高级金融分析师。但是，考虑到考试不可预测的因素，所以这个方案预留了四年的时间。

第三，人生的完美地图应该综合考虑多个方面，包括生活愿景、个人发展计划、理财计划和情感计划。在这几个因素里，个人的发展、理财计划和情感都是为了实现理想中的生活。也就是说，有什么样的生活愿景，就需要怎么样去发展。当然，理想中的生活，还应该考虑情感上的满足。所以，在绘制这张完美的人生地图的时候，要把个人的情感需求也描述出来。譬如，找一个什么样的爱人，渴望得到什么样的人际关系等。在情感方面的计划，又要考虑到个人的职业发展，以及理财计划。

第四，人生每个阶段的侧重点有所不同。二十几岁的时候，要注重个人的发展，提升个人的价值，积累人生第一桶金；三十几岁的时候，要提高家庭生活的品质，把关注点放在子女教育和经营家庭上，同时也不能放弃事业；四十几岁的时候，子女个人的学业已逐渐进入轨道，应争取获得更大的人生成就，同时积蓄退休资金；五十几岁的时候，要关注自身的健康，要懂得享受慢生活……

人生不同的阶段有不同的风景，把一张完美的人生地图绘制出来，你将邂逅人生中最美的风景。

3 等出来的是命运，
拼出来的才是人生

　　我的朋友莎拉要结婚了，她是那种很优秀的女生，会多国语言，写得一手好文章。在得知她的婚讯前，她还一直声称自己是不婚主义。这并不是一个灰姑娘遇到王子的故事，因为我的朋友不是灰姑娘，男方也不是王子。

　　莎拉受过良好的教育，家境还算富裕，大学毕业之后找了一份自己喜欢的工作，每时每刻都非常拼命。男方不是豪门，父母都是工薪阶层，但他白手起家，开创了自己的事业。莎拉去旅游，他会提前订房间，让服务生将玫瑰送到她手中，晚餐送到房间，出门为她叫好车。最重要的是，莎拉喜欢电影，男方甚至愿意为她提供进修的费用。对女人来说，还有什么比支持自己成长进步，获得强大的助动力更让人心动的呢？

莎拉的朋友们都为她找了一个如意郎君而惊羡不已。而他们也深知这一切都是莎拉努力在先，如果不是这个先生，也会是另外一个让人称心如意的爱人。当你足够好，就会遇见他。

因此对女人来说，在未来的一切都是未知数的时候，就要努力工作，不断学习，乐观向上，亦安然等待。只有把自己先升级为女神，才有机会遇到真正的男神。

每一位成功男士背后的女人也一定具备高智商，强大的气场，良好的修养和教育背景。在没有遇到他之前，请全力蓄积和修炼人生各种无形的财富吧。

4 不要在家等着别人选择你，要让自己活得有价值

十八岁的艾维拉早早地结束学业。她认为学校太无聊了，她迫不及待要走进精彩的成人社会里。毕业后的艾维拉选择模特作为自己未来发展的行业。因为她认为模特是一个不需要学历，只要求脸蛋和身材的行业。然而，遗憾的是，当她提交了职位申请后，接下来却是漫无边际的等待。好几家模特公司看了她一眼，收下她的简历后，就让她回家等消息。

半年后，艾维拉终于坐不住了。她开始主动到服装秀的现场蹲点，期待能有机会当替补。很快，艾维拉就迎来了人生第一次机会。有一名模特在上场前崴伤了脚，艾维拉见状主动向厂商推荐自己。由于时间紧迫，厂商便接受了艾维拉的建议。可结果却令人很失望，艾维拉毕竟是没有经过专业训练的模特，

走起 T 台来显得很随意，动作也做不到位。关于这点，艾维拉在走秀的时候也意识到了。结束表演后，厂商把十美元扔在艾维拉身上，愤怒地对她说："你差点搞砸了我的服装发布会，实际上，你连十美元都不值。"当下，艾维拉很伤心，蹲在地上痛哭。

有了这次不愉悦的体验后，艾维拉意识到要当模特，并非只要身材高挑，长得漂亮就行。自己表演的能力不过关，肯定不会有商家愿意录用自己。所以，她必须先把模特表演的基本功学扎实了，才能获得更多人的青睐。

可是苦于交不起学费，艾维拉决定积极寻找机会，进入模特公司上班，借此偷学模特的走秀表演方法。最终，艾维拉借"打杂工"的身份潜伏进了模特公司。在上班的时候，艾维拉一边干着本职工作，给模特们斟茶倒水，处理生活琐事，一边用心地偷学模特们走秀的表演方法，还经常在四下无人的时候用心练习。

三年后，艾维拉主动向这家模特公司的老板推荐自己，并凭借一段精彩的服装走秀表演获得了机会。成为模特后的艾维拉，并没有太多的选择，有些风格和年龄不适合她的服装表演，她也必须接受。这时，艾维拉暗暗告诉自己：一定要成为知名的模特，要自己掌握选择的主动权。所以，她没有放弃学习，在业余时间仍不断钻研表演艺术，最终成功地创造出独属于自己的舞台表演风格。此后，艾维拉获得越来越多的商家青睐，名气也越来越大，顺利跻身一线模特行列。从此，艾维拉只接自己喜欢的表演项目，不适合自己的表演全部婉拒。

艾维拉的例子告诉我们，一个人能否自主地选择自己想要的生活，关键在于是否拥有积极主动的自我意识，其次才是自身价值的高低。一个放弃主动选择权，总是在等待的人，即使自身价值再高，也会活得被动和受人支配。

因此，永远不要坐在家里等待别人选择你，要勇敢地走出去，努力提升自己的价值，过自己真正想要的生活。

5 最难缠的"老板" 竟是自己的丈夫?

美国曾经有项有趣的调查，结果表明百分之七十以上的女性认为最难缠的"老板"竟然是自己的丈夫。她们认为比起任何职业，全职太太都是一份受气、糟糕、存在感和价值认同感低的职业。尽管如此，还是有很多未婚的女性朝着这样的目标迈进。

黛莉是我的学员里一位比较有悟性的女性。她结婚后，丈夫建议她辞掉工作，专心准备生育。黛莉欣然接受了丈夫的建议，并坦然地接受了丈夫每月提供的生活费用。可很快，丈夫就询问她把钱都花到哪里去了。黛莉支支吾吾地跟丈夫解释说，自己花在购物和美容上了。黛莉的丈夫笑着对她说："你觉得喜欢就好，但是不要太浪费钱，要懂得节俭，不必要的东西不要买太多。"

虽然黛莉的丈夫并没有严厉地责备她，可黛莉开始变得小心翼翼起来，一些喜欢的东西也不敢购买，大笔的消费都会记录下来，总怕丈夫再次问自己的开销，自己答不上来。后来，黛莉的妈妈家要重新装修，黛莉也不敢把现有的钱都拿出来，为此兄弟姐妹都有点瞧不起嫁入豪门的黛莉。

这件事情让黛莉觉得很难过，慢慢地，购物的满足感被罪恶感取代。这实在无法让她变得幸福起来。于是，她决定重新出去工作，用自己的钱实现自己的心愿。黛莉重新开始工作后，参加了自己感兴趣的专业培训班，整个人都变得不一样了。

同样的例子来自我的学员阿曼达。阿曼达是一名非常独立的女性。她有自己的理财方法，在年轻的时候就积累了一笔不小的财富。婚后，她仍然坚持和丈夫保持经济上的独立，甚至拿出自己月薪的一部分帮补家用。聪明的她还为自己和子女买了几份保险。就在她四十岁的时候，丈夫遭遇车祸去世。阿曼达非常痛苦，但是她仍然坚强地对我说："还好我一直是一个独立的女性，我为自己和子女购买的保险，已经足以让我们过好日子。我要感谢上帝只夺走了我的情感归属，而不是夺走了我生活的一切。"

阿曼达的故事有些悲伤。但是，面对残酷的生活，只有坚强、经济独立的女人才能让自己生活得更好。也只有经济独立的女性，才能保持自己人格上的独立，让自己拥有正确的判断力，以及当机立断的独立行为能力，使自己从容地面对生活的挫折。经济独立的女性，自身带有创造幸福的能力，她们不需要取悦和依赖男人，婚姻对她们来说，只是锦上添花而已。

6 没有独立的人格，谁都救不了你

人人都知道苏格拉底的妻子是有名的悍妇，可鲜少有人真正了解她。实际上，苏格拉底的妻子是一名独立、坚强，甚至有点强悍的女性。她和苏格拉底结婚的时候，苏格拉底还没有成名，两个人过着清苦的日子。当时，苏格拉底沉迷在自己的哲学世界里，是他的妻子承担了所有生计。她一个人采摘橄榄，榨橄榄油，到集市上卖给商贩，换来维持生活的食物。由于长时间跟商贩大声争执橄榄油的价格，苏格拉底的妻子养成了喜欢大声嚷嚷的习惯。后来，她告诉苏格拉底，在家里大声嚷嚷的时候，其实她是快乐的。

苏格拉底成名后，他的妻子却变得难以快乐起来。因为无论走到哪里，都没有人记住她的名字，"苏格拉底的妻子"成了她的代号。她甚至惧怕自己的一举一动给苏格拉底带来不好的影响。在这样压抑的环境下，苏格拉底的妻子不敢再大声嚷嚷了。直到某一天，她彻底失控，嚷嚷了苏格拉底几句，苏格拉底因为在和学生交流忘记答复她的话，她就直接将水泼在苏格拉底身上。于是，众人皆知苏格拉底娶了个"悍妇"。他甚至为了缓和尴尬的气氛，幽默地说："我知道打雷之后，一定会跟着下雨。"

可众人离开后，苏格拉底却对妻子说："亲爱的，我还是喜欢你在集市上大声嚷嚷的样子，坚强而独立，这才是你。"顿时，苏格拉底的妻子领悟过来，继续过着以前随意的日子。苏格拉底妻子的故事说明一点：一个仰仗于男人名气的女人，如果不能够保持人格的独立，势必会失去自我，失去两性关系里的尊严，又怎么可能获得幸福呢？

如果对方喜欢你没有自我，那么只能说明他不够爱你。一段以牺牲一方自我、尊严来经营的爱情势必会走向崩塌。

对人格独立的执着追求，体现在女人牢牢紧握个人增值的中心，立足于实现自我，让自己变得更有魅力，无论恋爱前后，婚姻内外。

7 一天二十四小时都做自己喜欢的事，就已经赚了

工作对你而言，有什么样的意义？

很多人不明白我问这个问题本身的意义，因为工作只是让他们觉得疲惫。

一份对你而言仅仅意味着领薪水的工作，是不可能给你带来太大的幸福感和精神上的满足的。而选择一份你喜爱的工作，从中体会到快乐，因为灵魂契合度高，你将在工作中引爆所有的热情，不计得失，不抱怨，你的潜能才能更好地发挥出来，获得成功的机会也更大。由此带来的物质的满足，精神的富足，自我价值的实现，将可以对抗人生的一切疲惫与空虚。

我有一位继承了家里好几个葡萄酒庄园的朋友。他四十几

岁，很早就登上了富豪榜，每周都要飞往不少于五个国家巡查业务。去的时候，他住五星级酒店，完成工作后就顺道在当地旅游，品尝美食。这样的生活是很多人羡慕的成功生活。可他却告诉我，他不知道这样的日子还要持续多久，以后究竟会得到什么。他甚至告诉我厌倦这样疲惫的生活，那些五星级酒店的摆设很美，却让他觉得很假。后来，这位朋友的选择让所有人大跌眼镜。他留下足够自己和子女生活的费用，把其他资产都变卖掉捐给慈善机构。自己平日里就背着吉他，跟着几位认识的流浪歌手到各处卖艺赚钱。这样的日子让他觉得很快乐，因为他真的很喜欢唱歌。

也许很多人无法理解这位富豪的决定。而我认为他已经找到足以点燃他一生激情的工作，找到了他渴望的生活。

其实做自己喜欢的事情并不难，你只需要跟随自己的内心，做真实的自己，实现自己的兴趣，创造价值。很多人出于安全感去做一份工作，但是因为并不是真的喜欢就无法把全部的潜力和热情挖掘出来。如果做自己喜欢的事，你就会抛开一切，只关注如何把这件事做好，如何最大限度地实现自己的愿望，二者相比，显然后者成功的概率要高。

如果到现在你还不知道自己真正喜欢的事是什么，我建议你停下来，放慢节奏，什么都不做，内心就会冒出来想做什么，你只需要听从它的召唤就好。

聪明的女人都在做自己喜欢的事，并为之奋斗一生。这意义不仅仅在于成功和幸福，还有灵魂深处的那一份安然。

8 拥有自己的事业，
内在的自信才会有增无减

约瑟琳是我的培训班里的一位女学员。在别人眼里，她是一位非常成功的女性。在父母有意识地培养下，约瑟琳的学业一直很优秀。毕业前，不少金融机构都向约瑟琳抛出橄榄枝，约瑟琳综合多方面的考虑，选择了一家离家近、发展前途比较好的公司。

上班后，约瑟琳全力以赴地适应新岗位，并拿出读书时期的干劲，很快就拿下了两个上千万的合并计划，成为金融界里的一匹黑马。此后，约瑟琳的事业不断攀高峰，恭维她的人越来越多，而约瑟琳也在各式公开场合中表现出色，举止优雅大方，神采奕奕。很多人都被约瑟琳展现的风采折服。

可这样的约瑟琳却反问我："亲爱的戴尔老师，你说的珍惜时间，全力以赴追求成功，这些我都照做了，可为什么我还是不能感到幸福，不能成为一个真正自信的人呢？我总是在别人的恭维里，怀疑自己是不是真的有他们说的那样厉害。"

我听后微笑着反问她小时候有什么理想。约瑟琳告诉我，她希望能给宠物狗设计服装。说完，约瑟琳的脸红了起来，她反问我，这个想法是不是很幼稚。我没有回答约瑟琳的问题，而是问她为什么不去做自己喜欢的事情。约瑟琳摇了摇头告诉我，给宠物狗设计衣服不可能获得太大的成就，也会被别人看不起的。

我仔细地为约瑟琳分析后，建议她试着抽出小部分时间，去尝试自己心仪的事业。没想到，约瑟琳在尝试给宠物狗设计服装的时候，越发喜欢这份"事业"。最终，约瑟琳向公司提出了辞职，尽管上司多次挽留，约瑟琳都坚决地拒绝了对方。后来，约瑟琳养了十几条宠物狗，每天精心地为这些宠物狗设计各种时尚的服装，包括礼服裙、燕尾服、运动服等。

等到约瑟琳觉得时机成熟的时候，她牵着十几条穿着她设计的衣服的宠物狗"招摇过市"，成功地吸引了多家媒体报道。凭借这次事件，约瑟琳一举成名，很多名媛太太、皇室贵族都邀请约瑟琳为她们的宠物狗量身定做服装。后来，约瑟琳激动地告诉我："老师，你知道吗？我现在真的很快乐，我每天都会看到很多不同的狗，它们真的好可爱，而且我现在没有再质问自己那些愚蠢的问题，因为我相信我设计的宠物服装是最棒的。"

凯瑟琳通过努力拥有了自己喜欢的事业，这让她活得更加自信、更有存在感。女人应该为了创造属于自己的事业去拼青春、拼意志，通过努力成就自己，找到真正的信心，一次会比一次更有意义。

9 依附男人的女人得不到长久的爱

有一次，我和几位名媛共餐。在餐桌上，大家都分享了自己近期遇到的见闻。不同于一些暴发户的太太，这些名媛们都非常强调心灵上的修养。在整个用餐的过程中，没有人比较自己的名牌时装、皮具，或者炫耀自己某次的奢华游轮之旅。

在上甜点的时候，有位名媛无意间提起了某位不在场的朋友。据说，这位朋友在名媛圈里属于家境比较差的，因此非常渴望嫁入豪门。提及此，大家对这位名媛的虚荣、趋炎附势和拜金主义统统评判了一番。

当时，我惊讶地反问："难道你们都没有物质上的欲望吗？"用餐的几位名媛都优雅地告诉我，她们更加注重个人的修养和心灵上的富足。可事实上，她们说的这些话，跟她们身上极其讲究、价值不菲的服饰是很难达成一致的。

在生活当中，越来越多的女性害怕透露自己的物质欲望。即便她们心里渴望能够眼睛都不眨地买下当季的流行服饰和名贵包包，希望穿着美丽的晚礼服，举着香槟酒站在游轮的甲板上优雅地说："今夜的星空是多么美丽！"可她们仍然小心地隐藏着自己的欲望，生怕被人看成是拜金女郎。

事实上，女人想过上富裕的生活，想享受购物的快感是无可厚非的。想让自己的生活更加有品质，完全是出于人的正常心理需求。这样的女人通过自身的努力，拥有富足的物质生活，完全是值得肯定的。

想要实现这一切就要像男人一样拼命，争取经济独立。而心灵的富有首先也需要摆脱依附男人的心态，追求男女平等和自己的独立精神。如果一个女人和男人一样强大，男人能打动女人的唯一途径就只有付出真心；而依附男人的女人，即使得到男人的爱，也很难维持长久。

如果自己不想像商品一样待价而沽，让男人挑挑捡捡，就要将幸福牢牢地掌握在自己手里，不懈奋斗。

经济独立的女性，自身带着创造幸福的 ▶
能力，她们不需要取悦和依赖男人。

10 学会投其所好

与人沟通的诀窍是：谈论别人最愉快的事情。

西奥多·罗斯福的每位客人都为他渊博的知识感到惊讶。他似乎永远知道他的客人对什么东西感兴趣，无论他的客人是西部的牛仔，还是来自纽约的政治家、外交家，罗斯福总知道应该和他们谈论什么话题。他是如何做到这一点的呢？答案很简单。在接待访客的前一天晚上，罗斯福就开始准备他的客人感兴趣的话题。

罗斯福和所有的领导人一样，知道如何触动一个人的灵魂。那就是在谈话中多谈一些他或她感兴趣的东西。

曾在耶鲁大学担任文学教授的散文家威廉·里昂·菲尔普斯，在很小的时候就已经明白这个道理。

"在我八岁时的一个周末，我去姨妈家拜访。晚上，一位中年男子来到姨妈家，经过一番寒暄之后，他将注意力转到我的身上。那时，我正对船产生了浓厚的兴趣，这个来访者就和我谈论起这个话题。在我看来，这个话题特别令人感兴趣。他离开后，我向姨妈感叹他对船只的热情。没想到姨妈告诉我，他是一名来自纽约的律师，事实上，他对船只完全不感兴趣。也就是说，我们一直在谈论一个他毫无兴趣的主题。我问姨妈：'那他为什么津津有味地和我谈论呢？''因为他是一位绅士，他看出你对船感兴趣，所以才会和你谈论这个话题。'"

威廉·里昂·菲尔普斯说："我从来没有忘记姨妈说的话。"

就在我写到这一章的时候，我收到了一封爱德华·克里夫的信，他目前正在为童子军工作。

"有一天我发现我需要帮助，"克里夫先生写道，"一个童子军大露营即将在欧洲举行。因此，我希望能够找到美国一家大公司的总裁，请求他赞助童子军的旅行费用。

"幸运的是，就在我去拜访这个人之前，我听说他曾经签过一张一百万美元的支票，而且在那张支票被取消以后，用框架将其装裱起来。

"所以，一走进他的办公室，我做的第一件事就是要求观看这张一百万美元的支票！我告诉他，我从来不知道有人曾经签过这么大数额的支票，我要告诉我的孩子们我确实看到了一百万美元的支票。他很高兴地把它拿出来给我看。我表示出我的钦佩，并请他告诉我这张支票的由来。"

你会注意到，克里夫先生没有说过一句关于童子军、欧洲、大露营的话，他一直在谈论对方感兴趣的那件事。最终的结果是：

"后来，我拜访的那个人说：'哦，对了，你见我有什么事呢？'然后，我告诉了他。真是喜出望外，他不仅立即同意了我的请求，还给了我更多的帮助。原本我计划只让一个男孩参加欧洲露营，但他资助了五名男孩，还有我。他给了我一张1万美元的信用凭证，并告诉我们这足够周游欧洲七个星期。他还为我们写了介绍信，凭借这封信，欧洲分公司的经理们将为我们提供帮助。后来，他亲自到巴黎和我们会面，还为我们介绍了这座城市。他甚至向童子军提供了职位。直到今天，他仍然活跃在我们的团体中。

"但我知道，如果我没有找到他感兴趣的事物，并且在第一次见面时就激起他的热情，我绝对不会这么容易得到他的帮助。"

这个有效的方法还可以应用在工作中。让我们看看迪韦尔诺瓦先生的经历。

　　迪韦尔诺瓦先生一直试图向纽约的一家酒店推销面包，在他担任经理的四年中，他每周都会约见那家酒店的经理。为了得到这笔生意，他甚至在酒店订了一间客房，并在那里住了一段时间。可是，他还是没能成功。

　　迪韦尔诺瓦先生说："无奈之下，我开始研究起人际关系，然后，我决定改变战术，试图找出这个人感兴趣的话题，想知道用什么能激起他的热情。接着，我发现他是美国酒店管理协会的会员，并且还是这个协会国际部的会长，无论在哪里举行会议，他都会参加。

　　"所以，当我第二天见到他的时候，我开始询问他关于这个协会的事情。他给了我什么回应呢？他足足讲了一个半小时协会的事情，他的声调中充满了热情和活力。我可以清楚地感觉出，这个协会不仅是他的业余爱好，更是他人生激情的来源。在我离开他办公室的时候，他邀请我加入他的协会。在整个谈话过程中，我没有说一句关于面包的话。但几天后，酒店的工作人员打电话给我，让我报出面包的样品和价格。

　　"工作人员和我打招呼的时候说：'我不知道你对他做了什么，但他指名要你的面包。'我回答道：'想想我吧！这四年来，我一直向他推销，如果我没有找到他感兴趣的事情，恐怕到现在我还要和他软磨硬泡呢。'"

所以，如果你希望别人能够喜欢你，那么记住这个原则：谈论别人感兴趣的话题。

11 让对方感觉自己很重要

自我肯定的欲望源于人性最深切的欲求。

希望一个男人安静地当几个小时的聆听者，最好的方法就是谈论他。

纽约第三十三街区第八大道上有一家邮局，我经常去那里寄挂号信。在排队等候的时候，我注意到，工作人员似乎感觉很无聊，无论是称重信封、派发邮票，还是找零、开收据，他都显得无精打采。是啊，他们年复一年地重复着单调的工作。因此，我对自己说："我会尽力让那个工作人员喜欢上我。很明显，我必须说一些好听的话，一些他感兴趣的话。"于是我问自己："他身上有什么可以让我真诚赞赏的呢？要知道，这有时是很难回答的问题，特别是陌生人。但在此时此刻，我却轻易地得出了答案，因为我看到了让我钦佩不已的东西。"

因此，当他为我的信封称重的时候，我热情地说："我非常希望能够拥有和你一样的头发。"

他抬起头，惊讶地看着我，然后脸上露出了微笑。他谦虚地说："嗯，这还不算好，以前的头发才算好呢。"我向他保证，虽然它可能失去了原来的光泽，但它仍然很棒。听到这话，他非常高兴，和我进行了一场愉快的交谈。谈话结束的时候，他对我说："很多人都羡慕我的头发。"

我敢打赌，这个人就算到了吃午餐的时候，仍然会高兴得不行。那天晚上回家后，他一定会将这件事告诉他的妻子，然后反复地照镜子说："这头发确实很美丽。"

我曾经跟一个人讲过这件事，他听完后问我："他能给你什么？"

他能给你什么？他能给你什么！

如果我们只是自私地想从对方那里得到什么，那么我们绝对不可能得到幸福。

如果你试图获得回报，那么你很可能什么都得不到。是的，那家伙确实能够给我一些东西，一些无价之宝！而我确实得到了。在他眼中，我不求回报地为他做了一件事，他会在很久很久以后还牢记着。这就是我从他那里得到的回报。他记得它！

有一个关于人类行为的重要规则。如果我们能遵守这项规则，我们几乎永远不会陷入困境。事实上，我们如果服从这项规则，朋友和幸福都将接踵而至。但是，我们如果违反了这项规则，无休止的麻烦也会不请自来。这项规则就是：永远让其他人感受到自己的重要性。

我们很早以前就已经注意到了这一点。杜威教授曾经说过："自我肯定的欲望源于人性的最深切的欲求。"威廉·詹姆斯也说："人类本性中最深刻的原则，就是渴望得到赏识。"正如在这里已经指出的那样，对自我肯定的欲求是我们区别于动物的重要因素。正是因为这个欲求，文明才能够不断地进步。

第 4 根本：见识

迷人的女人高出常人的
恰恰是她的见识

失去过，就懂得珍惜；到过远方，就不会
轻易抱怨当下；人生的每一次经历，都是为了
让我们在重新出发时更加从容。

1 未知的事情更值得经历

阿加莎·克里斯蒂是英国著名的女侦探小说家，她的代表作《东方快车谋杀案》和《尼罗河上的惨案》等为大家熟知。她一生拥有两次婚姻，到过世界很多地方，这为她的创作积累了丰富的经验。她曾与第一任丈夫周游世界，借此次旅行完成《褐衣男子》的构思，并将带队的贝尔茨先生以及她在南非的一些见闻融入了故事之中。

她与第二任丈夫相恋后也常去中东考察古迹。浪漫的旅行，也为她写出异国情调的侦探小说提供了大量的素材。如《校园疑云》等，就以此为背景。

阿加莎·克里斯蒂怀着对生活的热爱，把她细致观察到的点点滴滴都写进了自己的侦探小说。她身边的人物身处的场景，自己的新居，朋友的宅邸，英国错综复杂的铁路网，遥远的中东各国，游船、东方快车和时髦的客运飞机，最后都演变成了她笔下的凶案现场。而英语世界许多耳熟能详的童谣则是她的小说借以烘托气氛的首选。

阿加莎·克里斯蒂传奇的一生告诉我们：人的一生存在太多变数，但是一个人喜欢做的事和终生从事的职业变动并不大。爱人不在了，还会遇到新的爱人，婚离了还可以再结，只要认准你要做的事，任何经历和体验都会让自己的人生更丰富，获得更多积淀，拥有创造更多成就的可能性。

世界宽广，条条大路通罗马。女人完全没必要将自己框定在一个狭小的范围内坐井观天，而应多向外面的世界尽可能地开拓，人生才可能因此而丰富多彩，阅历非凡，成就卓越。

试着来一次长途旅行，相信你的选择，会为你带来不一样的风景。

试着挑战一下自己曾经不自信的事情，没准会找到突破口，发现不一样的自己。

为自己列个书单，行不了万里路，也要读万卷书，做个灵魂有香气的女子。

2 别人为什么比你优秀

向优秀的人学习是成功者的必备习惯。我经常听到身边的人感叹，我要是能跟在哪个首富身边学习，只要学到他一成的功力，我就发财了。还有的人羡慕某个行业的顶尖人物，做梦都希望能拜对方为师。其实，与其挤破脑袋去拜某个行业的巅峰人物为师，不如向身边优秀的人学习，哪怕只是一个很小的细节。

凯莉干记者这行已经有八年时间了，报道写得四平八稳，没有太大的亮点。总编告诉凯莉，最近会从别的报社挖来一位人才，让凯莉好好向对方学习。同时，总编还暗示凯莉，希望她借此提升自己，争取获得总部的青睐，调任到总部当出版监管部的部长。

凯莉非常感激总编的提点。可不久后，总编口里的"人才"来报到，立即让她傻眼。没想到总编居然要她向比自己小十岁、才工作一年的苏珊娜学习。凯莉实在想不明白，像这样的新手有什么值得自己学习的地方。可苏珊娜却虚心地向凯莉请教，她认为自己写作的方式过于激进，有些主题没有把握好，可能给读者带来不愉悦的感受。凯莉看到苏珊娜如此虚心，就传授自己的一些方法给她。而苏珊娜也非常上进，下班了还翻阅凯莉以前写过的报道。这点让凯莉觉得很骄傲，心想：什么嘛，总编还叫我向她学习，她向我学习还差不多。结果，半年后，苏珊娜写出来的评论获奖，顺利被总部调任，职位在凯莉之上。

这时，办公室很多同事惊呼，说苏珊娜是真人不露相，感叹办公室里卧虎藏龙。还有人拍了拍凯莉的肩膀，调侃道："凯莉，你和她平时交流最多，肯定学了她不少东西，下个升职的肯定是你了。"凯莉听后，默然无语。早在苏珊娜上班之前，总编就已经暗示过她，可是由于她对苏珊娜的轻视，使她失去了一次原本很好的学习机会，实在很可惜。

印度有句谚语：当你把心放到尘埃里去，你会发现到处都是值得你膜拜的参天大树。的确，每个人的身边从不缺乏优秀的人，关键是你是否有一颗善于学习的心，是否善于挖掘对方的优势。抛弃偏见，放低姿态向对方学习，你才会变得更优秀、更强大。

3 你重视身边的贵人了吗

　　我曾跟不少有能力成为别人眼中"贵人"的成功人士沟通，问他们愿不愿意帮助一些后辈或者自己的亲戚。我记得我跟威廉医生沟通的时候，威廉医生大叫："不，怎么可能把钱无条件地赠给亲戚？这是在害对方！"威廉医生认为：只要自己的亲朋好友具备生存能力，他们就能自己解决自己的生活难题，主动帮助他们化解生活难题或经济危机，只会造成他们的依赖性，使他们丧失独立思考和解决问题的能力。当然，威廉医生认为，假使身边的人遭遇意外、病痛而丧失生活能力，自己则会站在人道主义的立场给予适度的帮助。

　　后来，我又跟著名的石油大亨阿德莱德聊到这个话题。阿德莱德同样反对把金钱直接赠予某位亲友。他认为："可以授人以渔，不能授人以鱼。"谈及是否给予年轻人创业资金的问题，阿德莱德表示：只要对方有一个完善的、可行性高的创业计划，且在保证把本钱还给他之余，分配部分利益给他，他会乐意把创业资金借给年轻人。最后，阿德莱德微笑着说："毕竟，我是商人，商人不做没有回报的投资。"

其实天上不会无缘无故掉馅饼，没有什么东西是可以不劳而获的。真正对你有帮助的贵人并不是直接提供钱财给你，纵容你不劳而获的人，相反，恰恰是不断指出你的错误和不足让你汲取前进动力的人。

年轻人心高气傲，认为自己是世界上最优秀的人，对他人的批评常常会认为是挑衅或无理取闹，很少安静地审视自己的错误。

真正听到别人跟你说句心里话，真正为你的成长与完善担忧而来批评你，是很不容易的事，因此，一旦有人批评你，你一定要珍惜。

听到批评，你可以采取以下处理方式。首先，坚持你认为正确的事，并用事实去证明。如果事实证明不够好，就虚心接受批评意见，找出自己的问题。其次，你可以和批评你的人沟通，即便自己错了也要摆正态度，不要气馁。相信别人的建议，也相信自己有能力重新开始，做得更好。

对批评自己的人的宽容与接纳，其实意味着我们有更宽广的心胸和对事业成功的执着，这些都有利于我们取得成功。

4 卖命工作是在成就自己

　　一个人的眼界决定了他的高度，一个人的心胸决定了他的宽度。一个没有高度，也没有宽度的人，自然很难接近成功。华尔街著名的猎头公司总监马克就对时下的上班族提出了几点诚恳的建议：

　　第一，初到职场，不要太计较工作量。要知道每个新人都有成为"资深员工"的过程。好好度过这个过程，你得到的将比你失去的多。

　　第二，毕业五年，太计较薪水会使你失去发展的空间。美国劳工部做过相关的调查，结果发现：在毕业后的五年里，只有不到百分之二十的人会把赚到的钱存起来或者做相关的理财投资，而多数人则把钱花在娱乐和消费上面。美国劳工部也呼吁毕业生，要把眼光放得更长远。

第三，任何时候，都要比别人更卖命地工作。现在的努力是为了换取走更远的路，看到别人看不到的风景。现在的卖命是为了让年老的时候，可以不用疲于奔命。

第四，永远记得，你的老板只有一个人——你自己。只有认清这一点，你才不会计较。因为人永远不会跟自己计较。一家属于自己的企业，老板绝不会计较自己是不是比手下的员工更卖命，因为他明白最终的受益人是自己。同样地，如果你把工作当成是为老板卖命，你就会开始计较起来。为什么他只给我那么点薪水，我就要替他卖命。为什么他在打高尔夫球，我却要这么卖命。反正，他给多少薪水，我就付出多少努力。这样狭隘的思维最终会限制你的发展。但如果你把卖命工作当成是在成就你人生的事业，为自己而卖命，你永远不会吃亏。

5 决不让自己的生命 服从于他人的意志

波伏娃曾说："我决不让我的生命屈从于他人的意志。"这对女人是很好的启迪。你要坚持的事情首先得是对的，其次得是真正适合你的。这样再坚持下去，才能成就不一样的自己。

女人对自我的坚持表现在事业选择上，就是一鼓作气做自己喜欢和擅长的事，当仁不让。通常，女人在一份职业上达到巅峰，难度要比男人大一些。因为她要承担结婚生子和养育子女的很多责任，这会耗损非常多的时间和精力，因而对女人的韧性，个人对职业的敬畏、执着，钻研精深和应对复杂事务的能力要求更高。一旦认准了，就要勇敢地走下去，不能为自己的懈怠找任何借口，更不能因为别人暂时的否定就轻易放弃对职业的追求。

女人在情感上同样需要坚持自己内心的选择，你喜欢的人就要积极主动地去争取，情敌多几个也没关系，狭路相逢勇者胜。必要时使用一些小技巧，不能有勇无谋。也许有的人在竞争的路途中畏惧艰难险阻放弃了，而爱到最后的一般会被认为是最真的，也的确是最真的。为了一个自己真正爱的人，坚持一下、辛苦一点又有什么关系呢？

女人最害怕跟人撞衫，因而坚持自我稳定的穿搭风格，养成独特、高级的审美品位非常重要。千万不要动不动就买网店爆款、女星同款，随大流的穿搭风会让你被人群淹没，而穿在明星身上拉风的时装未必真的能彰显你的气质。

另外，不要看到别人学外语，你就去背单词练听力；不要看到别人去跳蚤市场卖东西创业，你就开始搞网店做生意；不要看到时尚杂志如火如荼地推出沙漠色秋冬系列时装，大街上到处在打最新款的汽车广告，你就铆足了劲争取将这些早日纳为己有。要学会按照自己的节奏和内心的选择生活，与喧嚣、涌动的人群和世界保持一定的距离，这样你才不会轻易被支配，被别人牵着鼻子走。你才会逐步具备掌控生活的能力和清晰的判断力，也会比别人活得更真实、更有幸福感。

6 你匮乏是因为你没有感恩之心

　　艾拉出生在贫困的家庭，从小到大物质的欲望都得不到满足。用艾拉的话来说，她真的受够贫穷了。更让艾拉觉得痛苦的是，她的父母整天为生计奔波，不得不把艾拉锁在房间里。所以，艾拉的理想就是尽快长大，让自己拥有一份体面的工作，走出贫民窟，可以随心所欲地购物。

　　后来，艾拉通过努力，最终成为一位了不起的设计师。领取了丰厚的薪水后，艾拉心想自己终于可以停下来松口气。可在这时，艾拉发现同事阿普里尔很早就拥有了自己的第一套房子，不由心生羡慕，认为自己也应该拥有一套这样的房子。于是，艾拉开始为了买房子而疯狂地接设计单。这样的日子持续了五年，艾拉才与建筑师男友共同买下一套房子，并走入婚姻的殿堂。

结婚后，艾拉还是过得不幸福。因为她看到同事阿普里尔竟然嫁入了豪门，拥有这辈子都花不完的钱，她可以随意地消费顶级名牌。于是，艾拉疯狂地鼓励自己的丈夫辞掉工作去经商，以尽早跻身富豪行列。可艾拉的丈夫拒绝了她的无理要求，两个人因此陷入了不断的争执中。艾拉回忆起童年时父母争吵的情形，非常痛苦，觉得自己那么努力还是没能摆脱不幸。

在一次激烈争吵后，艾拉离家出走，意外邂逅贫民窟里的邻居莎莲娜。两个人刚见面，莎莲娜就热情地问艾拉："嘿，亲爱的小伙伴，你过得好吗？噢，看你的装扮，我想你应该幸福极了吧。"艾拉苦笑，反问莎莲娜的情况。莎莲娜兴奋地说："你看，我过得好极了。你看我现在的房子，比我以前住的贫民窟房子要大两倍，我还可以在阳台上种自己喜欢的花花草草。亲爱的，小时候我被父母锁在小房间里时，我就在想以后我有孩子，我一定不把他锁在房子里，我要用心陪伴他成长。现在我做到了，所以我非常快乐。"

听了莎莲娜的回答，艾拉惊呆了。看着她身上的粗布衣服，看看这套完全比不上自己居住的房子的小套间，再看看莎莲娜洋溢出幸福光芒的脸，艾拉终于明白自己为什么不幸福了。于是，她告别莎莲娜，一路狂奔回家，跟丈夫道歉。

艾拉的故事让很多人看到了自己，幸福其实一直在我们身边，只是我们缺乏一颗感恩的心。物欲的追逐永远没有尽头，而人内心的幸福感来自对既有生活状态的感恩和知足，只有这样我们才不会在盲目的追逐中变得空虚和没有节制。

女人要常怀一颗感恩的心，才能看到前行路上为我们提供帮助，带来幸福的人和事。每个人的生命都是上天赐予的最好礼物，你要且行且珍惜。

7 恋爱情商高缘于见多识广

　　法国曾做过一项调查，结果发现：在爱情里，女人受伤的人数要比男人多，主要原因是女人在识人方面更为主观、比男人更缺乏恋爱情商，另外跟女人的见识有限也有一定的关系。美国的父母是支持孩子追星的，鼓励他们拥有和选择自己的偶像，除了激励孩子们努力超越自己，实现梦想之外，也是为了让他们不至于陷入一段疯狂的恋情中不能自拔。想一想，你朝思暮想的那个男人，比起明星型男，是不是要差成百上千倍呢？

　　因此，女人在年轻的时候梦想嫁给明星男主角，或者多谈几次恋爱，一点儿都不过分。唯有鉴别，才能见识好坏。我有一个学员，就开玩笑跟我说，女人一定要谈过六次恋爱，才能结婚。

安娜在大学时代遇到了自己喜欢的人，两个人非常投缘，上演了一段可歌可泣的爱情故事。大学毕业后，男方求安稳，选择留在那座小城继续工作。可是安娜觉得自己的人生不应只是如此，于是独自前往纽约，做了自己最喜欢的新闻记者。在离开爱人最初的一年里，安娜并没有完全从那段感情中走出来。她也试图认识一些朋友，找共同的兴趣点，创造欢乐将生活尽可能充实起来。但大多数时候，她是觉得孤独寂寞的。直到她遇到现在的恋人罗杰，罗杰满足了她对爱情的全部想象，也弥补了前任带给她的缺憾，简直是完美极了。

　　安娜说也许以后她还会遇到更多的人，但是在当下，她认为现在的一切都是最好的。每一个恋人，都教会她一样东西；每一次经历，都让她的生命阅历更完整、更精彩。

　　不只是爱情，其他任何事情都一样，都需要有更多见识，才能辨别好坏，才不会仅仅因为失去一个人、失去一份工作就寻死觅活，如临末日。见识会带给女人智慧，对人性多一些了解，并在爱情中成为占主动权的那一位。

　　见多识广的女人，拥有更高的恋爱情商。她们往往比一般女人更为冷静。在恋爱初期，她们不会让自己一脚踩进爱情的泥潭里，而会与对方保持适度的距离，不断地观察和了解对方，看对方在行为方面是否端正。她们还会从蛛丝马迹中判断对方是否还有别的交往对象。她们也会衡量对方的人生观、价值观是否与自己接近，是否适合继续交往和发展。她们从不会听风就是雨，更不会沉迷在男人的花言巧语中。即便遭遇爱情的失败，见多识广的女人也很少会情绪失控。因为在人生丰富的阅历里，她们早早就修炼了一身的本事。她们明白结束一段错误、不合适的感情，是为了遇见下一个对的人。

8 彼此相爱，但不要系成爱的锁链

　　卡德西和科拉是某地理杂志两名最具潜力的摄影师。为了让两人尽快崭露头角，杂志主编把去非洲森林拍摄动物仅有的两个名额给了他俩。这个机会非常难得，他们会跟着电视台的摄影队进入非洲的原始森林，还会有经验丰富、能够应对野外突发事件的专业人员陪同。错过了这次机会，以后卡德西和科拉再想去，就只能自己单独冒险了。所以，卡德西和科拉非常珍惜这次机会。

　　卡德西的妻子非常开明，她建议卡德西在去之前先参加野外生存的培训，以确保此次野外拍摄万无一失，还每天为他虔诚祈祷。而科拉那边却不顺利。他的妻子觉得作为一个有家室的人，好好地待在家里，履行丈夫、父亲的职责才是首要的。那些摄影机会，以后还会有。科拉妻子甚至还以离婚作为要挟，阻止科拉参加这次摄影之旅。最后，科拉看着身边五岁大的儿子，想想妻子威胁的话，只好放弃此次机会。

卡德西在妻子的祝福下，顺利踏上了非洲原始森林之旅。在整个过程中，虽然有惊险，但是在整个团队的合作下，每次都化险为夷。回国后，卡德西把珍贵的原始森林动物照片发表出来，瞬间身价暴涨，跻身知名摄影师行列，他的摄影事业也得到了更大的提升。而科拉却很不是滋味，不断地埋怨妻子，两个人的感情也因此出现了一些问题。

从这则故事里，我们不难看出：在爱里有大智慧的女人，懂得尊重和成就男人的选择；而狭隘的女人只会把男人束缚在一个小空间里，限制对方的发展，爱情也将在这种锁链中一点一点磨灭。

这就像纪伯伦的那首诗：

彼此相爱，但不要让爱成为束缚。

让爱成为奔流于你们灵魂海岸线间的大海。

注满彼此的杯盏，但不要只从一只杯中啜饮。

要将自己的面包赠予对方，但不是享用同一块。

如果你也爱着对方，那么请不要试图和他锁在一起。因为爱是彼此成就。爱是你面朝南半球，我面朝北半球，我们分享彼此的见闻，两个人加起来就是一个世界。

9 对女人而言，真正的高贵到底是什么

　　简单来说，所谓贵族精神体现在三个方面，教养、责任和自由。平和的心态来自一个人良好的教养。关于高贵，海明威有句话：优于别人，并不高贵，真正的高贵应该是优于过去的自己。一个对自己有卓越追求，并以此为动力不懈努力的人，她的目的不在于超越别人，而在于超越自我。

　　女人要珍视内心世界的平和与高贵，这些可以让自己保有拼搏进取的力量，不断超越。做到这些，首先需要与某些享乐至上、娱乐至死的社会氛围保持一定的距离，始终保持内心的一份宁静，在自己喜欢做的事情上不懈努力，精益求精。另外要严以律己，承担起工作和生活中的责任，同时关注弱势群体。最后，也是最重要的，就是要有独立精神，追求自由，并不惜

为此付出代价。

史黛拉是个性情温和的女人，她是一家时尚杂志的编辑，在公司有一位实力与她不相上下的 S 小姐。S 小姐飞扬跋扈，处处都要胜人一筹，这与史黛拉的低调恰恰相反。两个人都受到老板的器重，经常有去海外学习的机会。进公司不到三年，S 小姐凭借自己雷厉风行的行事风格，被调任为杂志的副主编。而史黛拉同样优秀，却没有很大变化，但是也能独当一面，力担重任。

在史黛拉刚得知 S 小姐升任副主编时，并不是很开心，甚至有一点儿懊恼。因为在进公司同样长的职业生涯当中，史黛拉付出的努力和创造的成绩并不比 S 小姐差。但是她在全面思考分析之后，便开始埋头工作，不在计较此类事情上浪费时间。

史黛拉相信自己具备很好的创意和做选题的能力，并且文思泉涌、写得一手漂亮文章，通过努力以后一定会成为一流的时尚编辑。但是做副主编的话，会在带新人和管理事务上分出一些时间和精力，对于专业业务的精进会有一点儿影响。这样一想觉得自己没能升职，也未必是坏事。史黛拉在庆祝 S 小姐升职的聚会上表现得自在温和，平静地送上祝福。她在以后的工作中更加拼命、执着、满怀敬意。她后来成为那家时尚杂志最有实力的人，带着一群新人开创事业的巅峰。

　　因而，真正的优秀不在于与别人比较，而是深知自己的所长所短，审时度势，不断为自己寻找突破口，不断超越过去和当下的自己。无论什么时候，女人都要保持内心世界的平和与高贵。唯有这样，才能真正成就自己。

10 精致是因为用力在活

　　我第一次邂逅我的太太，正是被她的素养所吸引。当时，在街边的露天咖啡店里，一名服务生不小心把咖啡洒在她身上。众人屏息静观接下来要发生的事情。按照常理，被洒咖啡的女人应该尖叫一声，大家并不会感到意外。然而，令人意外的是，尖叫的人竟然是那个洒咖啡的人，而她却微笑着跟对方说，没关系，下次小心点就好。于是，很多人被她的素养所吸引，我便是其中一员。我和几位绅士上前询问她的情况，她礼貌地告诉我们，咖啡并没有烫伤她，她很好。我掏出手绢给她，她却婉拒我，从皮包里抽出自己的手绢，擦拭咖啡渍。当时，我细心地观察到她的手绢上绣有她的名字，应该是自己绣上去的。我试着叫出她的名字，她很意外我知道她的名字，我们两个人也因此展开谈话。

后来，我曾问我太太，是什么让她能够做到被洒咖啡却不发怒。我的太太告诉我，事情已经发生了，发怒不但于事无补，还会使自己变成一个形象刻薄、糟糕的女人，她为什么要这样做呢？当时，我告诉我的太太，我起初正是被她的素养所吸引，交往后被她的精致所折服，是她让我感觉到过日子原来可以如此有趣，哪怕餐巾也可以变身为玫瑰。

我的学员就曾问我，如何成为像我的太太这样精致的女人。为此，我向太太虚心求教，我太太便给出了以下建议：

第一，永远不说粗俗的话。任何时候，任何场合，不管对着多熟悉的人，都不要说低俗的话，开低俗的玩笑。因为这些言行会大大折损你的形象，让你变成一个没有教养的人。此外，永远不要忘记微笑和说敬语。无论对多熟悉的亲人，都要发自内心地感激对方为你所做的一切。"你好""请""谢谢"……这些词语永远都不要吝啬，对你的丈夫也是如此。

第二，要做干净整洁的女人。长得不够美艳不要紧，身材不够迷人不要紧，但是起码每天出门都要干干净净，衣服要笔

你要学会按照自己的节奏和内心的选择来生活，与喧嚣、涌动的人群和世界保持一定的距离，如此你才不会轻易被支配。 ▶

挺，妆容要淡雅、得体，还要喷上淡淡的香水。我的太太认为不必盲目追求名牌，只要做到以上几个细节，自然能成为一个有魅力的女性。

第三，不必追求衣服的档次，但是要有品质。不要用大量廉价的衣物来填充自己的衣柜，而是要通过自己的努力，让衣柜里有一两件有质地、款式好、拿得出手、上得了台面的衣服。这样的衣服会在重要的场合里，帮你提升气质。

第四，为自己选购一两件珠宝饰品。饰品是女人身上的风情。一件合宜的饰品，能将一个女人的气质完美地勾勒出来。但是，饰品不要太多。不要把自己变成圣诞树，只需一到两件，点缀你的淡淡风情即可。其中，小而精致的白珍珠和红宝石是永远不会褪色的经典。女人可以适度关注这两种饰品，再根据个人的风格，选择适合自己的饰品。

第五，永远不要放弃读书。女人的书柜一定要比衣柜丰富。因为书籍是用来武装你的智慧的，它会让你的视野变得不一样，让你的气质永远不会随着岁月而凋零。所以，女人一生要跟书籍相伴。但是，不要看低俗的、没有意义的小说，也不要限制自己在某个领域进行阅读，要尽可能广泛地涉猎。

第六，要有一两个自己的爱好。爱好不必多，但是必须是自己真心喜欢的，不能随波逐流。只有选择自己真心喜欢的爱好，才能坚持下去，才能做得出色，才能从中获得幸福感。

第七，要有把日子过得精致的心。有空的时候，不妨花点心思烹饪美食，或者亲自制作一些家用品，在窗台上摆放几盆花……这些都是不会花费太多金钱的事情，但是因为你的用心，会使日子变得更加精致。

我太太的七个建议，我是非常认可的。我认为女人一定要活得有追求，要做个有素养、精致的女人，用一颗努力的心，不断地完善自己，让自己变得更加美丽。

第5根本：情感
活着就要感知爱与被爱

爱情的确是一种用来装扮生命的东西，却永远无法成为生命的根基。不要羡慕那些已婚女人，她们需要付出比你多几百倍的包容和忍耐，才能赢得一点世间安稳、岁月静好。

1 伤害到别人的爱情，也会戳伤自己

那些伤害到别人的爱情，是一把双刃剑，也会戳伤自己。

著名的雕塑大师奥古斯特·罗丹成名前就有一个情人。这个情人是他的学生卡米耶·克洛岱尔。克洛岱尔也是一位天才的雕塑艺术家，罗丹曾把她称之为最强劲的对手。但不幸的是，这位明日之星，并没有如想象中一样熠熠发光。她爱上了罗丹，一个有妻子的男人。

在两个人正式确定情人关系之前，罗丹曾警告过她，自己不会放弃家庭，无法给她任何承诺。如果在这个时候，克洛岱尔抽身离开，她也许会痛苦一阵子，可她余下的人生或许还能遇见更好的爱人。然而，克洛岱尔明明洞悉一切，却偏偏以身试火。这样的日子一天天过去，沉浸在爱情里的克洛岱尔并没有潜心钻研雕塑，反而把时间花在与罗丹感情的纠缠上。最终，

谣言和罗丹的游离让她崩溃。

克洛岱尔决定结束这段无望的爱情。可这时，由于克洛岱尔曾插足别人的婚姻，为人所不齿，所以连她的作品也卖不出去。她的生活一度陷入贫困。一段苦痛的恋情，才华得不到肯定的压抑和生活的贫困，最终把克洛岱尔逼疯了。后来，克洛岱尔在精神病院里度过了漫长的三十年。三十年后，克洛岱尔最终以自杀收场。在她去世很久以后，她的作品和才华才逐渐被人们认可。当人们提起她时，也是淡淡地说句，她是罗丹的情人，的确很有才华。

好的爱人，会给你一段沉淀下来的安宁时光，而那些带有毁灭性的感情，相伴的却是惨重的代价。女人的青春如花期一般短暂，最幸运的爱情是遇到一个人，你能安静绽放，获得成长，如飞蛾扑火般的感情不是每个人都消受得起的。

2 好的爱情是彼此成就

　　我曾在一堂课上跟学员们探讨，在选择自己的婚恋对象时，女人更看重男人什么？有相当一部分女学员表示，如果能与自己一见钟情的人结合，幸福指数会更高。即她们更注重男人整体表现出来的良好感觉，让自己心动即可。一见钟情，双方情投意合，迅速相爱的恋情的确令人激情四射，满心欢喜，但是过了四个月的热恋期，进入长期交往的过渡阶段，其他的因素也要综合考虑。比如个性是否匹配，能否磨合，男人的忠诚度、社会地位等等。这也是我想说的，英俊、帅气的脸庞，精致的外形固然令人赏心悦目，但一颗真诚、专一的心，才是幸福持久的最可靠保证。另外，两个人在一起对于双方长远发展是不是可以互相促进，彼此成就，也是至关重要的。

　　贝拉年轻的时候是个漂亮、有才华的女孩，有很多追求者。

大卫是个建筑学博士，儒雅、谦和，出身于知识分子家庭，给人的感觉很温暖。安东尼英俊风流，富有浪漫情调，他和贝拉一样喜爱诗歌、古典音乐。大卫和安东尼都对贝拉爱慕有加，也是彼此熟知的朋友，三个人经常在一起品酒、聊天。

贝拉一直试图在两个男人当中做出选择，但是犹豫不决。直到有一天她无意中看到一个女孩写给安东尼的信件，得知他之前有过一段婚姻，并且没有彻底与对方分手。然而这些，安东尼从未跟贝拉提及，而且一直表现出来的都是快乐单身汉风流潇洒的模样。

大卫用自己的真诚、善解人意和温暖的特质最终赢得了贝拉的芳心。他们结婚多年彼此恩爱、互相扶持，幸福美满。贝拉利用自己对建筑学的兴趣学习了相关的知识，为大卫在建筑设计上贡献了很多灵感，成就了大卫在建筑学上的惊人造诣。大卫也支持贝拉坚持自己的写作事业，后来她成为一名小有名气的作家。在他们结婚三十周年的晚宴上，大卫问贝拉当初为什么选择自己，贝拉牵着他的手，满怀深情地说："我已经用我的努力回答了你。"

好的爱情就是彼此成就，前提是你得先找到一颗坚定、忠诚的心。那些让人着迷的英俊风流、精致容颜全都会被岁月侵蚀，而唯有一颗坚定的心才能与你相伴一生。

3 不是拼命对一个人好，他就会领情

　　如果你在最重要的几年中，投资的是一个男人，那么之后的几十年里，你应想方设法留住这个男人。如果你投资的是自己，就会很顺利地收获属于自己的爱情。美满的爱情是建立在丰厚的物质基础之上的。当你足够好，才会有好男人来爱你。而爱一个人最好的方式，是把自己经营好，给对方一个优质的爱人。

　　贝丝大学刚毕业就认识了她的男友艾瑞克，当时艾瑞克还在一所名校读研究生。贝丝在没认识男友之前，是很有主见、很有追求的女孩。她之前一直很想去艺术学校进修，但是跟男友在一起后这件事就暂时搁置了。她分出更多时间来打理二人世界，为他做美食、熨衣服、整理房间，陪他去参加各种面试、求职培训课程等等，在男友面前俨然是一个亦步亦趋的小女人，兼任艾瑞克处理各种事务的助理秘书。艾瑞克凭借自己的努力和良好的教育背景在毕业前夕接到他一直梦寐以求的知名跨国公司的 offer。贝丝为他欢欣雀跃，觉得他的成功与自己平日鞍前马后的服务分不开。但她在为艾瑞克庆祝进入名企的晚宴上却被他提出两个人应该暂时分开一段时间，理由是他想重新考虑两个人的关系，再做出选择。

贝丝很委屈地接受了这个事实，碍于面子并没有大哭大闹，而是独自离开，躲了起来。贝丝开始重新反省自己，回想两年来的心路历程，自己所做的全部事情，除了工作，一切都是与艾瑞克相关的。甚至因为艾瑞克的关系，自己的工作都是在心不在焉、马马虎虎的状态下完成的。她已经完全丢掉了最初的梦想和对自我的坚持。一个放弃自身价值的人，如何让对方重视你？

其实每个陷入恋情中的女孩都曾遇到过和贝丝类似的问题，完全迷失自我，围着对方团团转，以至于被分手时内心很苦却哑口无言。因为你只能自己认栽，后悔当初没有将那么珍贵的时间投资给自己。

也有一些二十多岁，经济和精神都没完全独立的女孩过早地步入婚姻，自己所有的事情都跟一个男人捆绑在一起。等到婚姻过了大半，才发现最应该努力的时间却选择了安逸的生活，为没能实现自我价值而追悔莫及。

贝丝在痛定思痛后主动选择与艾瑞克彻底分手，她开始全身心投入自己的工作和生活，报了之前一直梦想的艺术进修课程，在工作上也倾注了比以前更多的专注和努力，一切都在慢慢地变好。

不是你拼命对一个人好，他就会领你的情。世俗的情感难免会有很现实的一面：你首先得自己有价值，你的付出才有人重视。

因而女人一定要知道自己要什么，并因此锲而不舍地努力。只要你有目标就不会迷惘。其次，你要有事业有梦想，有赚钱养活自己的能力。只有独立才不会依附于人。

最后，你要懂得再好的男人也不值得你付出一切去爱，留一点自我，才会有自尊。不迷惘，不依附，有自尊，才是一个优秀的自己，一个优质的爱人。

4 他只是不爱你，不代表你不好

失恋是一种痛苦的体验。在这种痛苦的体验里，被抛弃的一方，通常会更痛苦。这种痛苦包含着对失去爱情的惋惜，对昔日爱人的不舍，而最重要的是自尊心受到打击的挫败感。心理学家认为，伤心可以被时间治愈，而自尊必须找回，内心才能重获平静。

但失恋其实是人生最好的修炼，每一个努力从失恋中走出来的女孩，都由丑小鸭变成了白天鹅。

南希是我的一个学员，是一个非常可爱、漂亮的姑娘。然而她之前有过一段并不愉快的恋情，她和她的大学同学恋爱大半年，最后以对方提出分手而告终。让南希根本无法接受的是，对方分手的理由是对她的外貌不是很满意。

当时情绪已经完全失控的南希，拼命地打电话追问究竟是为什么，对方却拒接电话，甚至从常住的地方消失。即使她托共同熟悉的朋友前去打听询问也没有结果。这样重复的疯狂、没有成效的盲目追查行为持续了很久。在那段时间里，南希的自信心已经完全崩塌。她也开始极度讨厌自己，尽管朋友在耳边一再真诚地对她说，你很美，很棒，也完全无济于事。这样的日子大概持续了三个多月。

南希开始逐渐恢复理智，重新审视自己。不够漂亮就多花些时间在装扮自己和保养皮肤上；为提升气质就去报名学了自己一直很喜欢的插花；为了继续深造，就买回一些感兴趣的专业书看，准备报考S大学的进修课程。在做这些事情的过程中，她渐渐从过去的生活和心态中抽离出来，而以冷静旁观的角度看过去的自己。那个人其实就不爱自己，那些让自己疯狂迷失的爱情说白了就是自己一个人的华丽冒险。既然只是失去了一个不爱自己的人，现在能够温暖平静地独处，岂不是一件幸运的事？

南希在后来收获了属于自己的爱情，也变得更漂亮、更有味道。她说原来以为爱就是让对方开心，以至于放下自己去成全对方的心意。现在才发现，爱不是谁要去讨好谁，而是有一个人喜欢真实的你，你只需要做好自己就好了。

每个女人都可能遭遇过一个并不合格的爱人的否定，也许他只是不爱你而已，却并不代表你不好。因此你只需要一个优雅转身，丝毫不要因为对方的恶言恶语乱了自己的方寸，那样就真的不美了。

　　我就曾目睹一位优雅美丽的淑女因此而形象大毁。这位淑女出身名门，恋爱半年后，恋人因喜欢上别人向她提出分手。当这位淑女得知恋人移情别恋的是一个各方面条件都不如自己的人后，自尊心受挫，继而愤愤不平地去找对方麻烦。对方自知理亏，并没有理会。而这位淑女却在气急败坏下动手打了对方，最后被警察带走。

　　淑女形象大毁，在双方共同熟识的圈子里传开，因为流言攻击，私生活也受到影响，她一度陷入抑郁当中，很久无法从中走出。

　　女人不到万不得已，不要去做这种无谓的挣扎。男人不爱你了，只需要转身离开，剩下的留给上帝去清算。有时候你越争，他就躲得越远。为一个不再爱自己的人，放下身段赔上名誉，就有点得不偿失。爱人没了，还可以再找；名誉丢了，却很难挽回。

5 没有完美的爱情，
也没有完美的婚姻

有个画家的妻子，每天都到教堂里祷告："万能的主啊，请你帮助我，赐予我改变我丈夫的力量，让他成为一个体贴、勤劳和乐于陪伴家人的爱人。"

有一天，一位神父走过来问画家的妻子，需要什么样的帮助。画家的妻子难过地说，她的丈夫整天沉迷在艺术的世界里，在他的眼里，只有绘画，常常忽略她和儿子。不仅如此，她的丈夫还很清高，不懂欣赏他作品的客户，即便开再高的价格，他也坚决不卖。因此，他们的生活过得很拮据。为此，她多次与丈夫争吵，甚至把大堆的账单摆在他的面前不停地抱怨，把哇哇大哭的儿子留在他画画的房间里然后摔门而去……想要以此迫使他改变。但越争吵，两个人的关系就越冷淡；越是整天唠叨和逼迫，他就越是坚持自己的做法。所以，她只能求助于主，希望主能够帮助她。

神父惊讶地问："你当初是怎么爱上这么糟糕的爱人的？"画家的妻子略显窘态地解释道，当初自己是被画家的艺术气质所吸引，可她没想到婚后他仍如此不务实。

听了画家妻子的解释后，这位神父终于明白是怎么回事了。他微笑着对画家的妻子说："你希望你的丈夫变成一个体贴，对家庭负责任的人，可你又为他做了什么？"

画家的妻子听完很惭愧。她回到家里开始关心和体贴丈夫，而不是一味地要求对方为自己做什么。一个月过去了，画家渐渐被妻子感化，也开始关心妻子和儿子。画家的妻子非常激动，她告诉画家，她会尊重他的生活方式，但是家里的经济实在太拮据，所以她决定出去工作。感受到妻子的体贴和对家庭的责任感，画家也更加努力。半年时间过去，画家一家人的经济得到了很大的改善。

画家的故事告诉我们：不要试图改造爱人，没有人愿意按照别人的生活蓝本去生活。即便对方做到了，也是痛苦的和不情愿的。爱一个人，要学会尊重对方的生活方式、处世风格和人生价值观，允许对方呈现出与自己脑海中理想模式不同的样子。因为只有对方觉得快乐和幸福，这种快乐才会传递给你。如果强硬地改变对方，结果则可能使你失去一段爱情或一段婚姻。

因而，改变爱人，不如改变自己。没有完美的爱情，就没有完美的婚姻。要学会接受和包容爱人的缺点，我们甚至可以让自己变成对方喜欢的样子，才会有一个愿意为你而改变的爱人。

6 一辈子的合作，
要放下个性，彼此成就

谈恋爱靠的是彼此的个性吸引，经营婚姻却需要两个人放下个性来成就彼此。

我的一位从事化妆品营销的朋友马菲却不这样认为。她对我说："我的个性本来就是这样。亲爱的戴尔，我没办法想象我在外面疲惫地工作，回到家里还不能好好做自己，那该多可怜啊。"基于这样的想法，马菲认为丈夫应该无条件包容她。所以，下班回家后，马菲在丈夫面前表现得非常随意，甚至毫无保留地暴露自己的劣习。

当时，我已经判定马菲如果继续坚持个性，她的婚姻很快就会出状况。因为马菲并不懂得只有可爱的女人才值得被爱。男人爱上女人是基于女人美丽的外表，美好的品质，她们要懂得藏匿起自身的缺点。一个一开始就暴露很多糟糕恶习的女人是不可能继续获得异性的青睐的。因而很多女人在谈恋爱的时候，总是尽可能地表现出自己更完美的一面。可遗憾的是，她们当中的多数人走进婚姻后，态度却改变了。她们把自己尖锐的个性毫无保留地展现在对方面前，甚至把缺点也全部暴露出来。这样随意、懈怠、不计后果的行为，怎么能奢求婚姻一直美好如初呢？

果不其然，一年后，马菲的婚姻状况就告急了。马菲找到我，跟我哭诉丈夫的改变。可我告诉马菲，你也变了，为什么还要苛求对方呢？

女人犯下的最大的错误在于认为婚姻是爱情的终点，婚后忘记用初心去经营婚姻。这是最致命的，因为没有一个人愿意跟一个浑身是缺点、糟糕的人过日子。

我认识一对结婚二十年、非常幸福的夫妻，他们告诉我维系婚姻美满的秘诀在于"忍耐"与"演技"。忍耐对方总也改不掉的缺点和毛病，并且试图每次做最大努力降低它对自己的影响。极其愤怒的时候也要懂得克制，至少表现出来是很优雅的样子，给对方足够的面子。如果有一天觉得烦透了，想要放弃了，想想一旦放弃意味着未来还要付出更多的努力。其实人生何尝不是如此呢，哪一件事不需要你付出不懈努力，不断学习呢？

　　虽然婚姻的确需要你付出很多努力，去成就彼此，但是试着这样去做，你就会发现，努力得越多，回馈到自己身上的幸福感就会越多，这份努力就是爱情本身。

7 试着只爱很少的人，遇见真爱的概率才会高

伊蓓丝是个非常漂亮而迷人的女人，她拥有非常多的追求者，也有两三个保持暧昧的对象。在旁人看来，伊蓓丝并不缺少爱情。可伊蓓丝非常羡慕办公室里一个长得并不漂亮的女孩露西。露西只谈了两次恋爱就走入了婚姻的殿堂。她第一次恋爱的对象是个不折不扣的混蛋，好在露西跟对方尽早结束了关系，这才遇见了现在的爱人，收获了完美的爱情和婚姻。

而伊蓓丝谈了无数次恋爱，却没有一场能修成正果。在恋爱之前，她也像现在一样，跟两三个不错的异性保持暧昧关系，再从他们当中择优确定恋爱的对象。每段恋情结束，她都会迫不及待地投入下一段爱情来疗伤。渐渐地，追求伊蓓丝的人越来越少，而每一段恋爱持续最长的时间是三个月。伊蓓丝似乎

永远也逃不出"三个月即分手"的魔咒，尽管她是那么渴望一段平凡又圆满的爱情。

伊蓓丝的问题可能是很多女性的困惑，恋爱谈了很多次，分手都分得麻木了，反而无法遇到真爱。到底是什么让两个人的感情结束得如此迅速？

首先，过早交付过往情史和身体，一旦交付了身体就以性为筹码要求对方为自己负责。其实男人对你的情感是强迫不来的。如果他有情，你不必要求；如果他无情，你要求也没有用。因此，你只需做的是吃定他的心，其他悉听尊便。

其次，一旦恋爱就失去自我，完全以对方为中心，一天联系对方 N 次，不给他喘息的机会。男人不会让感情的事影响自己的工作进程和事业上预期的目标，即便分手他也会按部就班地生活、工作，感情和女人从来不是他的全部。因此，女人应该向男人学习，任何时候都处变不惊、临危不惧，关键时刻权衡利弊、顾全大局。因而，试着少爱一点。除了感情之外，你要有一个抒发内心的方式。比如阅读、写作、画画等。即便只是做自己喜欢的工作，也要把它安排得妥妥当当，不让自己轻易受到半点影响。

再则，不积极主动明确向对方提出要求，让对方猜测。很多男女关系的结束缘于误会，女人对情感有自己的需求，要主动邀约、沟通，而不是苦等对方反应。

最后，缺乏神秘感。保持一定的神秘感是恋爱、婚姻能够长久维系的关键。就是凡事自己内心都有定数，不死缠烂打，也不姑息纵容，反倒是冷静、坦诚、自信，让对方捉摸不透。因为你首先忠于了自己的内心，任何时候都不会乱了阵脚。

也许你只真正爱过一次，但彼此刻骨铭心，那就是好的恋情。它让女人成长、生命变得更丰盛。这比丢盔弃甲谈很多次恋爱要精彩得多。试着只爱很少的人，也许真爱就在这一小部分中出现。

8 爱情不是女人的全部

　　阿尔法女士是我非常尊敬的一位女性。她顶着英国皇室贵族的头衔，拒绝父母为自己安排的贵族婚姻，坚持等待爱情，并把自己的生活过得有声有色。

　　当时，阿尔法女士刚好三十岁。在很多人看来，三十岁是个足以令未婚且没有恋爱对象的女人着急的年龄，可阿尔法女士却坚持要等待生命中对的那个人。她一边等待王子出现，一边潜心研究玫瑰精华露和香水，并将其研发成产品上市，使阿尔法玫瑰露、玫瑰香水变成著名的品牌。事业上的成功带给了阿尔法女士巨大的精神满足。在接受采访的时候，三十四岁的阿尔法女士表示，自己过得很好，虽然爱情是生命中重要的组成部分，但不是全部。

　　为此，我请阿尔法女士来到我的课堂，跟众多的女学员一起分享心得。阿尔法女士非常乐意，她兴致勃勃地告诉我的学员们：等待一个真正的爱人要有耐心，不能为了谈恋爱而谈恋爱。要把身边的位置空出来，真命天子出现的时候，他就会自然地走过去，填满你的人生。

单身生活让人有更充足的时间发现自己感兴趣的事，或者用来学习，提升自己。人生由此可以不断地迈向一个更高的起点，才有可能邂逅优质的爱人。

在三十九岁的时候，阿尔法女士迎来了自己的真命天子。他风趣而幽默，有着丰富的人生阅历。虽然相遇的时候，他已经四十九岁了，但是阿尔法女士仍认为能与他展开爱情之旅是自己迄今为止最刻骨铭心的体验。遗憾的是，两年后两个人因为追求不同而和平分手。此时，阿尔法女士已经四十一岁，可她依然像一个热情奔放的青春少女一样对生活满怀信心。她在接受电台访问的时候，对听众说道：如今，女性价值的多元化让我们能够很自由地活出自己，只要你去争取，你就可以过上自己想要的生活。因此选择一个男人的爱情就像选购一件奢侈品，反正你消费得起，只要有时机遇到就好了。

爱情的确是一种用来装扮生命的东西，却永远无法成为生命的根基。不要羡慕那些找到配偶、步入婚姻的女人，她们需要十足的聪明和豁达，付出比你多几百倍的包容和忍耐才能赢得一点世间安稳、岁月静好，且不说在这场漫长的拉锯战中被磨损的逐渐面目模糊的自我。而爱情虽然未至，你却可以把已婚妇女养孩子、哄老公的功夫用在自己身上，读书、画画、听音乐、看电影、做美容，在某天与已婚的好友不期而遇时，你一定看上去比她更年轻、更充满希望、更让人向往。

9 成功的人都在做自己喜欢的事

　　人生很长，最重要的是自己。如果把所有的时间都放在自己喜欢的事上，就能最大可能地成就你自己，哪怕不成，还可以选择退路。但一开始，请先去做你最热爱的事情。所有成功的人，无一例外，都在做他们喜欢的事。

　　珍妮大学毕业后有过一次游学西欧的经历，这次旅行激发了她对艺术的浓厚兴趣。于是她决心留学英国，学习服装设计。

　　近三年的留学经历让她对服装设计越来越喜欢，另外关于服装的市场分析课程带给她很大触动。珍妮坚信，好的服装，应该能够展现每个个体的特点，并给人带来美的享受。而对于一个服装设计师来说，追求服装本身的艺术是义不容辞的事情。

　　珍妮学成回国后，在一家童装公司工作了一年。她短暂的工作经历与留学所学的知识形成了激烈的碰撞，她越来越发觉服装市场上私人订制的服务更需要有人去开拓。

于是珍妮一面努力说服家人支持自己创业，一面着手开创自己的公司。虽然辛苦，但是对服装的热爱让她在各种困难中坚持了下来。

珍妮凭借高品质的设计赢得了不少回头客，设计服饰的种类也在不断丰富。另外，他们还在工作室内增设了制作体验区，让顾客更加了解服装的设计与制作的过程，也更加了解自己的服装。

珍妮在设计服装的路上精益求精，她设计出来的衣服要进行二次修改、三次修改等等，直到顾客穿上更加舒适，并且更加满意。

在谈及做自己喜欢的事时，她说："选择一份自己喜欢的事业，是一件幸福的事。"这份幸福感一直是她前行的动力。

人生很长，哪怕你现在已经中年了，只要坚定目标，你也可以重新开始做自己喜欢做的事！

10 你的朋友不能只有闺蜜和爱人

心理学家研究发现：人们更趋向于跟自己在某个方面有共性的朋友交往。

在我看来，交友首先是为了满足个人精神层面的需求，其次是丰富个人的人生阅历，拓展个人的知识面。不同的朋友可以给我们带来不同的精神层面的享受，让我们感受到友谊的美好，生命的感动。

著名的旅行作家奥里斯汀就喜欢结交不同的朋友。她每到一个地方旅行，都能跟当地的人混熟，有时候还会交到一两个忘年之交。在她来自五湖四海的朋友里，有一个是非常特别的。这个朋友是法国北部一个不务正业的小青年。两个人因为打车而起争执，却在酒吧里相识成了朋友。后来，两个人的关系发展得非常好，以至于每年奥里斯汀都要飞到法国北部一两次，就为了找这个特别豪爽的小青年喝酒。很多人不理解奥里斯汀的行为。

后来，五十岁的奥里斯汀结束了旅程，开始闭门创作。不久，奥里斯汀第一部以小青年生存状态为主题的电影创作完毕，并在上映时获得了不错的口碑。这时，很多人恍然大悟：原来奥里斯汀结交不同的朋友，甚至跟一些不入流的人交朋友是为了创作。在后来奥里斯汀的其他作品里，人们还看到她的农场朋友、贫民窟朋友、富豪朋友的身影。可令人意外的是，奥里斯汀在接受媒体采访的时候，听到这种说法诧异地回答："我交朋友完全是随性的行为，而非功利行为。不同的朋友丰富了我的人生，带给我不同的体验。他们帮助我成长，我也间接成就了他们。这就是结交不同朋友带来的意义。"值得一提的是，在和奥里斯汀交往的过程中，那名曾经自暴自弃、不务正业的青年已经步入正轨，最后成了一个小有名气的企业家。

在奥里斯汀逝世后十年间，人们发现，每年都会有一个人特地跑到奥里斯汀墓前，与她饮酒聊天。这个人，正是那位青年。我相信如果奥里斯汀没有用真心与他交往，那么她不会换来他的真心相待。对于奥里斯汀来说，不同的朋友丰富了她的人生，让她能够真实地感受到生命中不同的人带来的感动，而创作思路只是意外的收获。

　　对此，我颇为认可。我认为女性的朋友不应该局限在某个交友圈，而要学会结交不同的朋友，让不同的朋友带给我们不同的思维方法、知识和体验，让自己从中得到成长，并能相互传播正能量，成就彼此的人生。除此之外，我们还要学会交朋友的方式，懂得根据不同人的性格喜好、处世方法与他们建立关系。如果能在不同朋友之间游刃有余，那么相信你亦能在识人处世上有所成长。

11 人生导师会大大缩短
你取得成功的时间

曾经有记者问我："如何走向成功？"我回答说："是我的人生导师帮助我找到方向，督促我走向成功。"也有记者问我："你认为自己为什么能成功？"我回答："因为我善于发现自己的人生导师。"

对我来说，人生导师在生命中扮演着极其重要的角色。他们给予我安慰，让我在受挫时，勇敢站起来；他们给予我指导，让我在迷惘时，找到人生的方向；他们给予我督促的目光，让我不敢有半点懈怠，勇往直前。所以，我非常珍视我的人生导师。甚至，当我抵达别人认为的成功彼岸后，我还在不断地寻找我的人生导师，不断地完善自我。

我的人生导师之一亚尔维斯是著名的励志演讲学家。他通过心灵辅导和职业规划等方式帮助很多有困惑的青年走上了人生的正轨，其中也包括我。但是，亚尔维斯老师最大的遗憾是没能教育好他的儿子亚桑。每次他企图把自己的见闻、见解与亚桑分享的时候，亚桑总是非常抗拒。他认为自己完全可以依靠自己走出不一样的道路，获得比父亲更大的成就。因此，为了证明自己的实力，他拒绝父母的任何帮助，即便是口头上的帮助。

不过，亚桑的自负并没有给他带来什么成就。相反，他不断地在原地跌倒，陷入困境。他的父亲非常着急，他深谙亚桑每个错误选择背后的根源，但每次给出建议，都遭到亚桑的拒绝。就这样大概过了十年，亚桑终于放弃挣扎，但是他仍然拒绝父亲的帮助。他确信自己注定与成功无缘。他对父亲说，自己再也不愿意尝试了，因为失败的感觉实在是太痛苦了。

亚桑的失败缘于他对父亲并没有一个很好的定位，本可以为他的人生提供指导和帮助的人，却被他赌气弃置一旁，导致自己做了过多无谓的努力却收效甚微。所以，每个人都应该学会珍视自己的人生导师，不要拒绝他们的帮助。要知道他们能帮助自己少走弯路，缩短成功的时间，何乐而不为呢？

保持一定的神秘感是恋爱、婚 ▶
姻能够长久维系的关键。

12 聪明女人都有几个好教练

心理学者认为：一个人对生活的掌控度越低，幸福感就越低。每个女孩都应该至少掌握一到两种生活中的技能，比如开车、游泳，甚至包括烹饪、洗熨衣服等等，这样在独自生活的时候不会觉得过于无助而依赖他人。因而大家都会师从各行各业的教练，经历一段从陌生到驾轻就熟的学习之旅。每学习一项新技能，都会为我们的人生打开一扇门，通往更精彩拥有更多可能的世界。

奥薇丽娅是一位歌手，历任男友分别是她的造型师、摄影师、品酒师。尽管最终没能修成正果，但是奥薇丽娅从不后悔。她在公开场合曾坦言：虽然我们没能最终走到一起，但是我从不后悔。跟着斯蒂文学会品酒，跟保罗学会穿搭，跟约翰学会欣赏美景和记录岁月穿梭。每一段恋情都让我找到潜藏在身体里那个不一样的自己，重新找回生活的乐趣。

像奥薇丽娅一样，把身边每个人都当成自己的教练，让教练帮助自己掌握驾驭生活的技能，这是非常棒的体验。因为不同的人，不同领域的教练会带给我们不同的技能，以及驾驭生活的乐趣。他们会帮助我们减少人生的障碍，教导我们如何处理生活中的困难，并带给我们不同的生活体验。

生活中，能够与自己的某项生活技能的教练相处得很好的女人，都是聪明且极具魅力的。她们拥有对生活的饱满激情和好奇心，因而生命的维度比一般人宽阔。要是有女孩陷入情感旋涡中不能自拔，建议你去学习一项技能，挑战一下自己从未涉足的领域。你的思路和心情会重新变得开阔，而且你会在这种充实中忘记那些烦心事，重新接受生活和工作的各种挑战，继续走下去。

13 和闺蜜谈心是成功的自我疗愈

好女人是不可能没有闺蜜的，一个合格的闺蜜是女人一生的财富。

著名节目主持人巴维娜在接受访问的时候，就分享了自己与四名挚友交往过程中的快乐。巴维娜表示这四名挚友都是非常值得自己信赖的人。她们之间会共享心事，却不用担心对方把自己的秘密说出去。有时候，她也会把自己工作上的事情，以及一些同事之间的竞争告诉挚友，请她们帮助自己分析，给予自己建议。每次，这四名要好的朋友都不会让她失望，都给出了非常中肯的建议。

巴维娜还透露自己的四名挚友都是充满正能量，能给自己带来积极影响的人。

让巴维娜非常感激的是，她的四名要好的闺蜜都是能保持客观、中立态度的人。有一次，她与男朋友陷入冷战，非常痛苦，去找闺蜜哭诉。她们并没有附和自己的哭诉，而是从客观的角度看待问题，指出自己的错误。巴维娜也慢慢意识到自己对待男友的方式过于粗暴。于是主动道歉，挽回了一段珍贵的感情。好闺蜜就应该是这样的，她不会没有节制地纵容你，让你失去本不该失去的恋人，而是会审时度势，为你的人生力挽狂澜，保驾护航。

闺蜜不只是甜言蜜语，阿谀奉承你的人。一个非常懂得装扮自己的女人一定是在闺蜜的评头论足中成长起来的。她会告诉你那件黄色的裙子就是不适合你，穿破洞牛仔裤的你看上去就是很 low，而不是像服装店里的导购那样一味地夸赞你很美，或者像你并无深交的朋友那样表面恭维却在背地里说你的审美品位很有问题。

女人一辈子都需要闺蜜，哪怕结了婚，有了 baby，或者有一天满头银发，也需要有闺蜜一起见证燃烧过的青春，一起走剩下的人生旅程。她就像你挚爱一生的恋人，让你永远都不会觉得孤单。

另外，斯坦福大学心理学教授研究发现：对于一个男人的身体健康来说，最好的事情之一就是结婚，组建家庭；而对于一个女人的身体健康来说，最好的事情就是建立与女友之间的友谊。与闺蜜在一起愉悦相处的时间可以帮助她们的身体制造更多的血清素，能够预防抑郁症，为女人创造一种良好的自我感受。

女人们总喜欢坐在一起谈心，探讨感受，这对她们的身心健康非常好。花点时间与闺蜜交心，和跑步、瑜伽对身体的改善一样重要。

因而，不要认为和闺蜜在一起就是消磨时光，你在不知不觉中梳理了混乱的思路和情感，相当于一次卓有成效的自我疗愈。

14 女人的异性朋友，多多益善

很多女性都有类似的困惑，结婚以后，还能否拥有异性的友谊？婚后继续跟异性交往会不会遭遇别人异样的眼光？会不会造成丈夫误会？

我想，安琪拉的例子可以回答以上三个问题。安琪拉是一位活得非常精彩的妈妈。她婚后继续保持与多名异性的正常友谊关系，包括善于摄影的安东尼奥、主持美食节目的大卫、当作家的科夫、做飞行员的卡尔文……

在安琪拉的网络日志中，她经常分享自己与多位异性伙伴的交往细节和合影。读者可以经常看到大卫在安琪拉家里教安琪拉烹饪美食的照片，看到安东尼奥帮安琪拉孩子拍照的情形，以及安琪拉与科夫交流的合影……不仅如此，安琪拉的丈夫也会邀请多名出色的女性加入他们的家庭生活，有时候也会在告知安琪拉的前提下，与女性朋友一起吃饭交流。不少人都非常羡慕安琪拉的生活，认为他们的家庭生活非常丰富且健康。

后来，安琪拉成功竞选银行行长一职，成为该州首位女性行长。在接受采访的时候，安琪拉表示要成为一位成功的行长，必须有丰富的金融常识，对全局的把控能力，冷静的思考模式和果断的决策力。而自己能拥有这些男性擅长的品质要归功于自己身边的异性朋友，是他们带给她不同的思维模式，才成就了她这个兼有男性睿智和女性细致的不一样的银行家。

由此可见，女性在婚后完全可以拥有正常且健康的异性友谊。女性结婚并不代表必须放弃与异性之间的健康友谊。相反，在婚后，女性仍能保持与同性、异性之间的友谊关系，才是自然而健康的交友状态。这样的友谊不但能丰富女性的情感需求，还能带给女性更开阔的思维和丰富的体验。

好男人是女人的良师益友，能带给女性性格上的互补，帮助女性建立男性逻辑缜密的思考模式，从而帮助女性获得更大的进步。不同的男性会带给女性不同的见识和阅历，丰富女性的思维和生活，因此要珍惜你身边的好男人。

15 做点慈善会让人变得温柔美丽

有学员曾经在课堂上问我："世界上什么东西是最可怕的？"很多人以为我会回答"不成功的状态是最令人感到恐惧和绝望的"。可他们没想到，我却回答道："世界上最可怕的事情是拥有一颗冰冷的心。"

我想，再也没有比这更可怕的事情了。一颗冰冷的心，不愿意相信世间存在美好的事情，对人对事处处算计，以金钱和物质作为衡量标准，对人对事都不再抱有任何期待，对生活也不存在任何幻想，这样的人即便成功也无法感受到生命的美好。他们活着如同死去一般。

相反，如果拥有一颗温暖的爱心，那么无论你身处什么样的环境，你都能感受到生活的美好，活得有滋有味。

布洛克是出生在英格兰北部兰开夏郡的小伙子。有一天，厄运降临在他身上。在驯服一匹野马时，他的双腿遭受重创。当时，离他最近的一个诊所，走路过去要二十六天的时间。庆幸的是，因为别人的帮助，布洛克在那次事故中化险为夷。这次经历让他萌生了一个想法：要让偏远地区的穷人都可以免费看病。

抱着这样的心愿，布洛克创办了偏远地区医疗志愿团，缩写为 RAM。他通过网络号召更多的医生志愿者加入他们的团队，免费为偏远地区的穷人提供医疗帮助。这些医生不仅没有领取任何报酬，还需要自行垫付差旅费，但是他们却纷纷表示从中获得了精神上的满足。

随着 RAM 的不断壮大，越来越多的慈善者加入这个组织。迄今为止，RAM 已经为全球超过十万穷人提供过免费的医疗帮助。作为一个两手空空的穷小子，布洛克凭着一腔热情缔造了一个慈善的传奇，帮助了别人，也成就了自己更开阔的人生。

布洛克的故事再一次告诉我们：只有愿意付出一颗真心的人，才能使自己变得更美好。无论你遭遇过什么，都不要失去一颗有爱的心。

分一点爱心做慈善，是擦拭心灵的行为，是完善灵魂和提升自我的行为。在施善的行为中，能够更深刻地体会到人与人之间的真挚情感，让自己对生命更有信心。

16 人生在世四个字：惜缘、感恩

在希腊的寓言故事里，有一则我非常喜欢的故事。故事里的小男孩，某天突然对上帝说："上帝，我想了很久，我终于知道自己长大后需要什么了。"

上帝和蔼地问："那你需要什么？"

小男孩说："我长大后要成为一个伟大的航海家，每天都面对着蔚蓝的大海。我要住在一所大房子里，房子里要有一个花园，花园里还要有秋千。到那时候，我要娶一位身材高挑、长发飘逸、性情温和的妻子，她能给我和小朋友烹饪美味的意大利面。我还要有三个儿子，一个当成功的商人，一个当科学家，一个当运动员。他们能跟我谈商业上的事情，给我讲科学的故事，陪我在花园里踢足球。"

上帝听完小男孩的理想后，微笑着说："听起来很棒，希望

你能实现。"

然而，遗憾的是，小男孩在一次意外的车祸中，撞伤了双腿。痊愈后，小男孩虽然可以正常走路，但是无法从事高强度的工作。从此，他与航海的理想无缘。

小男孩长大后，卖掉家里的一些产业，购置了一部货车，每天都穿梭在码头为渔民把捕上来的鱼送到市场上去。一天下来，男人要往返很多趟。有时候累了，他就靠在车窗边，看着蔚蓝的大海和星星进入梦乡。

不久，男人用攒下来的财富建了一所有花园的大房子。房子建好的时候，他娶了一位长发飘逸、美丽动人且性情温和的妻子。只是，他的妻子并不高挑，也不会煮意大利面，只能制作简单的曲奇饼干给他和三个女儿吃。

有一天，这个男人想起曾经对上帝说的梦想，想着想着竟然悲伤地病倒了。在孤单的病房里，上帝再次造访。男人问上帝："你还记得那个跟你说梦想的小男孩吗？"

上帝点了点头说："那是个美丽的梦想。"

"那你为什么不帮助我实现呢？"男人责问道。

上帝却惊讶地说："你都实现了啊！我只不过想让你感到惊喜，给了一些你没有预想到的东西而已。我给了你一个美丽动人的妻子，一所带花园的大房子，三个可爱的女儿。小女儿虽然遭遇不幸，只能坐在轮椅上，但是她每天都在花园里观看你踢足球。我还给了你一个男性合作伙伴，他跟着你在码头经商这么多年，你们早已是无话不说的好朋友。他不是经常跟你讲商业上的事情吗？我还给了你一个会讲乡下趣事的男司机。他虽然不能给你讲科学故事，但是你每天听他说那些乡下的故事，不也觉得很有趣吗？还有，你现在每天都面朝蔚蓝的大海，甚至与海风相伴入眠，还有比这个更接近理想的事情吗？"

　　我很喜欢这则故事，因为我们都是故事里的男人。我们假设自己的伴侣是个英俊潇洒、能为自己遮风挡雨的人；我们假设老板是一个会看到自己所有努力并主动关怀自己，给自己加薪的人；我们假设同事是能主动帮助自己，还能跟自己手挽着手逛街的人；我们假设身边的朋友都是一群有本事，能拿出财物资助我们成功的人；我们甚至想象过父母是有显赫背景的人就好了。

　　却不知上帝已经赠予我们太多惊喜，这只需要你怀着一颗惜缘和感恩的心。相信唯有这样，我们的生命和灵魂才能变得丰满，情感才不会贫瘠。

17 若遭遇意外

史蒂芬的丈夫莫里斯·雷佛莱原是一家电器公司的市场部经理，他工作认认真真，在十年内曾为公司的发展做出了巨大的贡献。但人难免会出错，当公司叫莫里斯带着一个代表团去与另一家公司就某项合作事宜进行谈判时，莫里斯犯了错误，使公司损失了一大笔钱。

他不适合再待下去，于是他离开了那家公司。

莫里斯承受失业的痛苦，而那次谈判失败也深深地影响着他。他显得痛苦不堪，一连几个月都振作不起来。

这段时间里的史蒂芬，既要白天上班，又要回家做家务，还要照料丈夫，给他安慰和鼓励。幸好他们还没有孩子，但这已经够史蒂芬操劳的了。

史蒂芬试着让丈夫振作起来。也许，这次打击真的深深地刺伤了莫里斯的心，损害了他的自尊和自信。史蒂芬知道，莫里斯在十年内建立的良好关系，十年内努力工作获得的荣誉、尊敬以及信心，全因这次失败给毁掉了。有谁能面对十年的辛苦毁于一旦而不心痛的呢？

史蒂芬决心让丈夫振作起来，她劝告他，给他讲很多人成功的经验。她带他走出屋子，给他爱、勇气和信心。

后来，莫里斯决定重新学习，他参加了夜间部的培训。这时史蒂芬就更忙了，为了让丈夫重新获得信心并能专心致志地学习，她承担了全部家务，还要分更多的时间陪丈夫聊天，为他的每一个进步给予鼓励。

莫里斯终于挺过了那场危机，后来，他在另一家公司找到了一份工作。

多年以后，莫里斯在一次与朋友的谈话中评论妻子说："我终生感谢她，是她在我最困难的时候帮助我、鼓励我，我才没有沉沦下去。可以说，我有今天全是她的功劳。"这时的莫里斯，已经是一家大型广告公司的副总裁了。

史蒂芬是一个能够在紧急困难的时期和丈夫一起工作、为丈夫无私奉献一切的人。她很好地掌握了夫妻间相处的艺术，知道在丈夫遭遇意外时，用自己的语言和爱帮助他们，使他们恢复自信，重建事业。妻子的鼓励，在这里发挥了极大的效用。

家庭生活里的某些危机，如欠债、疾病，或是丈夫失业等，常常需要妻子们以冷静客观的头脑以及出众的口才来应对。她们是在为家庭的幸福而努力。

斯坦利先生是一个办公室职员，几年前，一场重病使他没有办法全力工作。于是，他的妻子就面临养活全家这个难题了。

斯坦利太太反复考虑了一下自己拥有的全部本事，没有办公室的工作经验，也没有才能，对于推销她又缺乏口才。她做得最好的和最喜爱做的事情就是特制餐点：小孩子的生日蛋糕、结婚蛋糕、宴会甜点心。从前她常常替朋友们做一些特别的餐点，但只是因为她喜欢做而已。

斯坦利太太把她的想法告诉了一些人，那就是她打算为别人制作蛋糕，挣钱养家糊口。于是她的朋友开宴会的时候，都特地请她去做。

斯坦利太太做的餐点是那么精致可口，名声很快就传了出来，更多的人对她做的东西赞不绝口。于是，找她做餐点的人就越发地多了，她便赚了一些钱。由于忙不过来，她不得不训练助手来帮助她。后来，生意越做越大，斯坦利太太就成了一个专门办宴席餐点的人，并成了宴席顾问。

现在，随着请她的人越来越多，她必须请一位长期帮手了。并且，她尝试着把自己最拿手的东西做好并包装，送到冷冻食品市场去卖，并且为二十五公里以内的餐厅制作餐点。

斯坦利太太在丈夫病倒后没有慌张失措，而是勇敢地承担起了家庭的重担，包括照料病中的丈夫。她不但治好了丈夫的病痛，还为整个家庭创造了新的生活意义。

谁也无法预料到，生活中将会发生什么意外，使我们的经济来源突然中断，逼迫我们去赚取部分或全部的家庭开支。如果这个意外降临到你的头上时，你是否有足够的勇气承担呢？

因此，拥有幸福美满的家庭，要遵守的一条法则是：假如遇到意外，要勇敢承担起责任。

18 理解丈夫的嗜好

没有一对婚姻能获得幸福，除非夫妇之间能够相互尊重对方的嗜好。更深一层说，如果希望两个人有相同的思想、相同的意义、相同的愿望，这是很可笑的想法。这种事情是不可能的，也是不受欢迎的。

所以，聪明的妻子应该让丈夫有个私人的小天地，不管丈夫在这个小天地里做什么，或者看书，或者集邮，或者做任何他喜欢的事情。尽管他的嗜好你并不喜欢，或者你觉得那简直傻透了，但是你千万不可以嫉妒或者阻挠丈夫拥有这些兴趣。因为你并不能领会这些嗜好带给丈夫的乐趣。

詹姆·哈里斯是一家大石油公司的审计员，他特别喜欢装饰艺术，在家里的时候，他特别喜欢装饰室内和修理家具。他的太太很欣赏他的手艺，给予他极大的鼓励，使得他们的家非常漂亮，非常吸引人。这也是丈夫拥有嗜好的好处。

妻子如果能够鼓励丈夫拥有一种嗜好，就不必担心他有外遇，因为丈夫有了嗜好，就会把全副心思用在这上面。只有那种感到生活枯燥无聊的丈夫，才会掉进其他女人的陷阱里。

嗜好对于一个人的真正的价值，在于它能调节紧张的心理，获得一种积极的休息，使我们改变频繁的工作节奏，释放内心因工作带来的不适应。

当一个男人开始对他的嗜好特别地偏爱，甚至快忘了他的本职工作的时候，我们就有理由相信，他在某方面出了毛病，有些不大对劲儿了。他可能是在逃避工作，或者遇到同事的刁难，上司的责怪，他心情郁闷不得发泄。这时我们就要了解他，给他积极的帮助。

当你的丈夫有了一种嗜好以后，你还必须注意另外一点，就是有时候让你丈夫独自去做他喜爱做的事，使他觉得有了真正属于自己的东西。这样，对他对你都有很大的好处。

一位不肯草率结婚的男士说，他所希望的女人是：当他希望一个人独处的时候，她能尊重他的这种愿望，让他独自去做他喜欢的事，而不是对他横加干涉。如果有这样一个女人，他说，他愿意马上结婚。

19 不可忽略生活琐事

一起吃早餐看似是一件很平凡的生活小事，但现实生活中很少有夫妻能做到。我们看到最多的是什么呢？是早上起来后，匆匆洗漱打扮完，夫妻两人便赶着上班，然后在路上随便买点东西当作早餐。即使到了周末，也大多是睡个懒觉，不吃早餐。

其实，一起吃早餐是一件十分有意义的生活日常。早上起来后，跟心爱的人一起吃个早餐，幸福、充实的感觉便能充满你的心间，从而开启幸福的一天。你可以尝试这样做一下，一定会收到可喜的效果。

柯慧是百老汇最忙的人，可是她每天坚持给母亲打两次电话，她每天重复着这件细微的琐事，直到母亲去世。你以为柯慧每次打电话给母亲，是有什么重要的新闻要告诉母亲吗？当然不是！当你对敬爱的人表达出你常常思念她、希望她过得愉快时，她就会感觉到快乐，而你也会有同样的感受。每个人在心里总会有很多秘密，比如说对生日、纪念日非常重视。

如果你忽略了这些细节，对方就会对你失望。

芝加哥有一位法官叫赛巴司，他曾经处理过四万多件婚姻争执案件，也调解过两千对夫妇的不和。他这么说过："一件细微的小事就会造成婚姻的破裂……就拿一个最简单的例子来说，如果妻子每天早晨对上班的丈夫亲昵地吻别，那么就会避免触到离婚的暗礁。"

在历史上，最值得称颂的就是勃洛宁的婚姻。他和夫人在生活上能够互相体谅，永远都会注意到对方的细微小事，因此，他们的爱情得到永恒。他太太曾经对她的姐妹说："我怀疑我是不是生活在天堂，像天使一样快乐！"

有一些男士，经常会忽略夫妻间的琐事，长此以往，就会有不幸的事情发生。

在美国，处理离婚案件最简单方便的地方就是伦诺。法庭每星期开庭六次，大约十分钟就可以判决一桩离婚案件。倘若你有兴趣，可以天天坐在伦诺法庭里，听那些悲伤的人们提出他们离婚的理由，你就会知道，根本没有哪桩婚姻是真正触到了婚姻的暗礁，只是因为没有注意到爱情中的细微小事而已。

现在你可以把这几句话记住，每天都在脑子里过一次，那就是："在这一生中，这条路，我只能经过一次，所以，只要我能做到的任何好事，都让我去做吧！不要忽略，不要犹豫，因为我再不会从这里经过了。"

所以，倘若你想让你的家庭幸福美满，那么一项规则就是：不要忽略生活上的琐事。

20 要像对待客人般对待家人

很多年前，丹姆洛契和大演说家勃雷的女儿结婚了，婚后他们生活得很愉快。

那么，他们幸福的秘诀是什么呢？

丹姆洛契夫人曾经这么说："我们首先要在选择伴侣的时候小心谨慎，其次就是在结婚后要做到相敬如宾……年轻的妻子们，可以像对待客人一般温柔礼貌地对待自己的丈夫。任何男人都怕自己的妻子是一个无理取闹的泼妇。"

相信没有一个人不知道无礼、粗俗会抹杀真挚的爱情，可是我们对待客人却比对待家人要礼貌得多。我们绝对不会对客人说："天啊，你又在说老掉牙的故事了！"我们绝对不会在没有得到允许的情况下拆别人的信件，我们也不会肆意窥探别人的隐私和秘密。可是我们对最亲密的家人，只要发现他们有一点儿错误，就会公然责备和侮辱他们。现在再次引用狄更斯的话："那些说出侮辱、刻薄、伤感情话的人，几乎都是我们的家人。"

贺尔姆就可以做到，即使遇到再不愉快的事情，他也会把自己的烦恼隐藏起来，永远对家人保持体贴入微。那么，一般人都是怎么做的呢？倘若一般人在工作上犯了错误，受到老板的责骂就想赶紧回家，把在工作中受的气发泄到家人身上。

荷兰人有这样一个风俗，进屋前要把鞋子脱掉。我们可以向荷兰人学习这种行为，就是进入家门前，把一天的不愉快都扔到门外去，一身轻松地走进家里。贾姆士有篇文章这样写道："这篇文章是要写人类的某些愚蠢，很多男人，他们不会跟顾客或者同事大声说话，可是会毫不留情地对他们的太太发脾气。倘若为了幸福着想，他们应该知道，婚姻远远比他们的工作更重要。一个获得家庭幸福的人，远远比一个孤独的成功者，更加快乐。"

苏联有位备受世人敬仰的小说家说过："我宁愿放弃我的才能和著作——假若在某个温暖的地方，有一个女人在乎我是否可以早点回家吃饭。"关于婚姻的问题，狄克斯女士下过一个结论，她说："若和婚姻相比较，人的出生和死亡都只是短暂的一幕而已。"女人始终不明白，男人为什么不可以把家庭也看作一项事业呢？为什么不可以像经营业务一般，让家庭甜蜜、美满呢？虽然有一些男士认为娶到一个好妻子，以及拥有一个美满的家庭，比获得千万财富还重要。可是在一般的男士心中，很少有人会这么认为，也很少有人会真诚地努力，并期望通过努力获得幸福的婚姻。他们经常把生命中最重要的事情交付给机会，他们竟然认为婚姻的成功或者失败，是由命运决定的。

女人们永远不明白，为什么男人们不在她们身上运用一些外交手腕？倘若他们使用温柔的手段，那么对他们来说，是有很多好处的。倘若做丈夫的赞美他的太太是一个能干的主妇，她就会更加努力，力求做到十全十美。倘若做丈夫的赞美他太太去年做的那套衣服如何华丽，那么她绝对不会再浪费钱去买新衣服。

几乎每个男人都知道，只要他们对妻子深情一吻就可以让她们紧闭嘴巴，他们也可以亲吻妻子的眼睛，让她们紧闭眼眸。每一个妻子都知道，丈夫明了这一切。可是她们却不知道，自己应该爱他，还是应该讨厌他。因为丈夫不愿意奉承她，宁愿跟她吵闹，再耗费金钱给她买珠宝、时装等东西。他不愿意按照她所渴望的满足她、对待她，自然就出现了很多不幸的婚姻。

倘若你想拥有一个美满幸福的家庭，一项规则是：要像对待客人般对待家人。

21 条条大路通罗马

当无法直接到达目的地时，就要学会间接到达。

约瑟夫·韦伯是费城电气公司的业务员，当在宾夕法尼亚一个富裕的荷兰移民区进行考察时，他发现那里的人没有用电器的。

"为什么这些人不用电器呢？"约瑟夫·韦伯经过一家管理良好的农场时，问该区的代表。

"他们太小气了，你无法卖给他们任何东西，"那位区代表不屑一顾地告诉他。"此外，他们还对公司很不友好，我已经试过了，没有任何希望卖给他们东西。"

也许是没有任何希望，但约瑟夫·韦伯决定，无论如何也要尝试一下。所以，他敲响了一户农家的门。那户农家的门打开了一道小缝，屈根堡夫人将头探出来。

一见是费城电气公司的人，她重重地把门一摔。约瑟夫·韦伯又开始敲门，她再一次把门打开。这次，她将对费城电气公司的不满，毫无保留地告诉了约瑟夫·韦伯。

"屈根堡夫人，"约瑟夫·韦伯对她说，"我很抱歉打搅了你，但我不是来向你推销电器的。我只想买些鸡蛋。"

屈根堡夫人把门打开了些，探出头来，用怀疑的目光望着约瑟夫·韦伯。"我注意到了你那群良种鸡，"约瑟夫·韦伯说，"我很想买一打新鲜鸡蛋。"

门又打开了一点。"你怎么知道我的鸡是良种鸡呢？"屈根堡夫人好奇地问约瑟夫·韦伯。

"我也养鸡，"约瑟夫·韦伯回答说，"但我必须承认，我从来都没有见过比这更好的鸡。"

"那么你为什么不吃你自己的鸡蛋？"她仍带着怀疑，问道。

"因为我的鸡下的是白壳蛋。你是一位烹调高手，当然知道做蛋糕时，白壳蛋不如棕壳蛋好。我妻子一向对蛋糕的配料很讲究。"

听到此话，屈根堡夫人慢慢地走了出来，并走到了走廊上。这时，她不再那么紧张得如临大敌。所以，她的态度也温和多了，而机智的约瑟夫·韦伯则四处打量着，他突然看到，在院子里有一个很好看的奶牛棚。

"屈根堡夫人，"约瑟夫·韦伯接着说，"我敢打赌，你养鸡赚的钱比你丈夫养奶牛赚的钱还多。"

听到这样的赞赏，屈根堡夫人显然高兴极了！

高兴之余，她又请约瑟夫·韦伯参观她的鸡房。在他们参观的时候，约瑟夫·韦伯注意到她制造的各种小器械，而约瑟夫·韦伯遵守了"诚于嘉许，宽于称道"的原则。约瑟夫·韦伯还向她介绍了有关食料及温度方面的情况，并就几件事征询了她的建议。

过了一会儿，她主动把话题转到了电灯上。她说，她的几位邻居都在他们的鸡房中装了电灯，据说效果还不错。她问约瑟夫·韦伯，她的鸡房是否值得采取同样的方法。

约瑟夫·韦伯当然不会说不值得，两个星期以后，屈根堡夫人的鸡就在电灯的光照下活蹦乱跳。而约瑟夫·韦伯得到了订单，这就是约瑟夫·韦伯此行的目的。

所以，倘若你无法直接达到你的目的时，不妨尝试间接的方法。

22 借口，走出困境的捷径

借口是一种润滑剂，它可以把你需要花费半天口舌也未必能说清的事情解决，使不快在瞬间消失，让你重新获得友谊、快乐。

人生在世，难免会遇到各种各样的麻烦，有的麻烦轻而易举地就能解决，有的麻烦却必须运用一定的口才和策略才能摆脱。面对这种情况，如何应变才能摆脱困境呢？

一种行之有效的办法就是利用借口。

借口并不是欺骗，因为它不带有损人利己的功利性，只是一种脱身策略，一种摆脱不利于自己境况的应变奇招。

凯瑟琳正在办公室起草文件，这时秘书带进来一位长得高高大大的人，说是有急事找她。但是，这位先生坐下来之后却并没有谈什么重要的事情，只是在那里唠唠叨叨地说一些无关紧要的事。凯瑟琳出于礼貌，无法把这位说话啰唆的人"赶"出去，怎么办呢？

凯瑟琳按铃叫秘书进来后，顺便写了一个小纸条给她。隔了一会儿，电话铃响了，凯瑟琳拿起电话："什么？有什么事吗？马上去？我这里有一位客人哪！必须去？好，我马上来。"搁下电话，凯瑟琳无奈地向这位先生摊开手，于是，这位先生只好离开了。

凯瑟琳就是运用了"借口"战术。原来，她在给秘书写的纸条上这样写着："给我打个电话。"秘书当然会意，于是，这个借口就"赶"走了那位饶舌者，凯瑟琳也能安心地不受干扰地起草文件。

你遇见了一个小伙子，他是你喜欢的类型，你对他一见钟情，于是你想跟他交往。但是你却没有机会见他，闯到他家里去吧，又怕没礼貌；放弃吧，又日思夜想，不能入眠。怎么办呢？找个借口！

这个借口的方式可以有许多种。比如，你准备一个问题向他请教，或是向他打听一个他认识你也认识的朋友，或者请他帮你参谋一下你正准备做的事。借口有很多，只是要根据你的实际情况做决定。

你约会迟到了，男友明显地表示不高兴，为了打破这个沉闷的气氛，改变你的处境，你不妨试试创造借口的能力。利用借口使男友高兴起来，不再对你生气。这不是一种欺骗行为，因为这对你对他并无实质性的伤害，他也并非真的恨你，只是小小的斗气罢了。

　　你可以说"路太远了""车太挤了"，或"我有一个朋友正在我那里"。

　　当然，这些借口都很普通，或许并没有太大的影响力，恐怕不会令对方消除不快，你不妨说："对不起，我早就到了，因为我看见上司正在那儿，所以我一直没有过来。喏，就是那个穿黑西装的人。那个上司可是个讨厌的老头，总喜欢揪住人教训一顿。"这是一种出奇制胜的借口，相信你的男友听了之后不会再责怪你。

　　利用借口必须注意的是不得有欺骗性，不得用它做出损人利己的事情。

　　里约克和太太结婚十年了，感情一直不错。但是，有一段时间，里约克太太发现丈夫总是早出晚归，魂不守舍，有时乐颠颠，有时又失魂落魄。里约克太太问他怎么了，他又含糊其词，说不出所以然，使得她满腹狐疑。后来，里约克终于熬不过太太的逼问，说公司近来销售业绩连连下滑，他这个销售部主任首当其冲。他太太不信，通过一些蛛丝马迹，怀疑他有了情人。有一天终于人证、物证俱获，导致家庭分裂，里约克陷入了感情的沼泽。

像这种"借口"就不可取，它瞒得过一时，瞒不过一世。并且它具有伤害性，一旦戳穿，将对别人造成一定的精神打击。

正确运用借口——当你处在困境中的时候。卡耐基如是说。